澳大利亚研究

Australian Studies in China

第七辑

主　　编　　李又文

副主编　　李建军　　陈　弘　　韩　锋

外语教学与研究出版社
FOREIGN LANGUAGE TEACHING AND RESEARCH PRESS
北京 BEIJING

图书在版编目（CIP）数据

澳大利亚研究. 第七辑 / 李又文主编；李建军，陈弘，韩锋副主编. —— 北京：外语教学与研究出版社，2025.4. —— ISBN 978-7-5213-6219-0

I. K611-53

中国国家版本馆 CIP 数据核字第 2025EE3764 号

澳大利亚研究第七辑

AODALIYA YANJIU DI-QI JI

出 版 人　王　芳
责任编辑　刘思博
责任校对　蔡　喆
封面设计　马庆晓
版式设计　锋尚设计
出版发行　外语教学与研究出版社
社　　址　北京市西三环北路 19 号（100089）
网　　址　https://www.fltrp.com
印　　刷　北京盛通印刷股份有限公司
开　　本　787×1092　1/16
印　　张　10
字　　数　218 千字
版　　次　2025 年 4 月第 1 版
印　　次　2025 年 4 月第 1 次印刷
书　　号　ISBN 978-7-5213-6219-0
定　　价　78.00 元

如有图书采购需求，图书内容或印刷装订等问题，侵权、盗版书籍等线索，请拨打以下电话或关注官方服务号：
客服电话: 400 898 7008
官方服务号: 微信搜索并关注公众号"外研社官方服务号"
外研社购书网址: https://fltrp.tmall.com

物料号: 362190001

目 录

Contents

Articles

Book Reviews

Conference Bulletins

澳大利亚主权能力的构建和矛盾：
以2024年《澳大利亚国家科学声明》为例

方圆 韩锋

摘 要： 本文基于澳大利亚政府2024年8月发布的《澳大利亚国家科学声明》，深入剖析澳大利亚在"印太"地区地缘政治格局持续变化背景下，对科技发展的布局和趋势，同时探讨其依托美英澳三边安全伙伴关系"奥库斯"（AUKUS）框架进行高端科技合作的众多考量因素。在此基础上，本文结合澳大利亚政府的国防战略，进一步理解其在增强本土科技主权能力、促进国际高科技战略合作以及构建全面国家防御体系方面的综合布局。本文旨在回答以下问题：在"印太"地区地缘政治格局变化背景下，澳大利亚如何通过国家规划，部署科技发展以强化其主权能力；澳大利亚如何在"AUKUS"框架下平衡保持主权能力和紧密的合作伙伴关系；澳大利亚的科技发展战略对其国家防御体系的构建有何影响。通过这些分析，本文试图挖掘《澳大利亚国家科学声明》对科技发展战略部署的深层含义，以及其国防政策的最新动向。

关键词：《澳大利亚国家科学声明》；AUKUS；主权能力；国防战略

The Construction and Contradictions of the Sovereign Capacity of Australia: A Case Study of *Australia's National Science Statement*

Yuan Fang and Feng Han

Abstract: This article provides a detailed analysis of Australia's strategic direction in technological development amid the shifting geopolitical landscape of the "Indo-Pacific" region. Focusing on *Australia's National Science Statement* released in August 2024, it explores the nation's pursuit of advanced technological collaboration under the security partnership of "AUKUS" and its sovereign capacity. Insights from Australia's defence strategies highlight Australia's comprehensive security framework through domestic technological capabilities, international cooperation on cutting-edge technology, and a robust national defence framework. The article aims to address the following questions: how Australia employs national science and technology strategies to promote its sovereign capacity in the evolving geopolitical landscape of the Indo-Pacific; how Australia balances its sovereign capacity with the close partnerships under "AUKUS"; and what implications Australia's science and technology strategy has for the construction of its national defence system. Through these analyses, the article seeks to uncover the underlying significance of *Australia's National Science Statement* for Australia's technological strategies and the trends in its defence policies.

Keywords: *Australia's National Science Statement*; AUKUS; sovereign capacity; defence strategy

1 背景

澳大利亚在制定对外政策的时候，向来有着重视区域地缘政治和重视安全的传统。澳大利亚所处地缘的划分，已然从最初的"亚太"转向了"印太"。在安全层面，自20世纪末起，澳大利亚的利益主要体现在以下几个方面：其一，保持强大的国家防御能力；其二，维持与美国的联盟；其三，扩大澳大利亚在双边、区域及多边层面的安全联系；其四，加强亚太地区的区域安全建设（Commonwealth of Australia，1997）。

2024年8月，澳大利亚政府正式颁布《澳大利亚国家科学声明》（Australian Government，2024b）。该声明不仅整合了国家集体科技优势，还为长期科技投资和决策奠定了基础。相较澳大利亚政府于2017年发布的上一版科学声明，2024版对重点进行了调整。此前版本侧重于提升科技的全民参与度、加强科学技能、增加研究成果产出以及推动经济成果转化；而2024版在此基础上，显著增加了对国防安全以及主权能力的深度关切。这一变化鲜明显现了澳大利亚在制定政策过程中对地缘政治博弈的考量。

"主权能力"（sovereign capacity）已然成为澳大利亚近年来的热点主题。国防、能源、航天、卫生、教育等领域的行业领导者和政界人士都曾向议会提交围绕该概念展开的报告。"主权能力"是"涉及多个领域的综合概念"，常常与主权（sovereignty）、自给自足（self-sufficiency）、韧性（resilience）、自主工业能力（sovereign industrial capability）等挂钩。但该概念的精确定义和衡量标准目前仍存争议（Plunkett，2024）。依据澳大利亚主权能力联盟发布的报告，"主权能力"涉及一个国家为实现包括安全、国防、健康福祉、粮食安全、能源和关键物资供应、基础设施安全以及环境可持续性等目标所需具备的工业、经济、物流、研究和教育方面的能力。其核心关注点在于明确他们必须具备哪些生产和行动能力，以便能够在最关键的领域实现一定程度的自给自足。同时，该联盟特别指出，国防工业是唯一一个专门建立在主权概念基础上的行业，并有着明确的部门战略（Worrall et al.，2021）。基于上述背景，本文将从科技角度切入，分析澳大利亚在科技布局中如何利用科技手段加强关键领域的自给自足的能力，在其中体现出怎样的自主能力妥协与让渡情况，并将着重分析国防领域。

需要明确的是，本文所分析的澳大利亚的主权能力，和学术上"科技主权"的概念并非完全等同，但二者在核心要义上保持统一。"科技主权"（technological sovereignty）这一学术概念着重探讨科技与主权的内在关系。具体而言，一方面，科技能通过改变对自然资源的依赖状况，进而影响国家的对外依赖性；另一方面，科技还能够通过改变政治信息环境，从而影响国家的对内主权。在全球化背景下，国家想要维持其政治和经济主权，就需要具备"识别、理解、评估、开发、推进、生产、使用和融入这些关键技术的必要能力"，并能够自主决定那些会对其政治和经济主权产生影响的科技及基于科技的创新的发展和使用（March et al.，2023：9）。由此可见，科技主权概念中的"主权"部分，所针对的并非仅仅局限于科技本身，而是与政治和经济方面的主权紧密相连。因此，对于科技主权的理解，并不应简单将其视为对技术等物质层面的主权，而应考虑到"国际体系中国家的行动能力"，有时"技术主权是实现创新政策核心目标的手段，而非目的本身——这些核心目标涵盖了维持国家竞争力和构建变革性政策的能力"（Edler et al.，2023：1）。此前，澳大利亚对主权能力的关注相对有限，而在美国，主权能力已被纳入国防和工业政策中。鉴于此，澳大利亚在面临"疫情暴露出的自给自足能力不够"（Worrall et al.，2021：1）带来的焦虑后，开始在不同领域的政策布局中重视主权能力的建设，并将其列为国家重要的战略追求。

本文将从《澳大利亚国家科学声明》入手，探讨澳大利亚主权能力的构建。该声明的提出有以下几点主要原因。

第一，应对"印太"地区地缘政治环境的变化。进入21世纪以来，中国的崛起一直是澳大利亚外交战略的关注要点。中国与其他主要国家，尤其是美国和日本间的关系，在很大程度上影响了澳大利亚的国家战略。澳大利亚在20世纪末仍明确认定美国是全球唯一一个最强大的国家（Commonwealth of Australia，1997）。然而，在"印太"地区，权力已发生转移。中国的经济、贸易、军事现代化和对"印太"地区的援助都让澳大利亚对"印太"地区的权力关系变化产生了担忧。在全球能源转型中，稀土等主要矿产品是推动可再生能源的关键，而"中国在全球主要矿产供应链中占据主导地位"（Zhang et al.，2024：1）。在地缘政治局势紧张的现状之下，美国及其盟友已着手与中国就相关产业"脱钩"（decoupling）——"为追求国家安全和经济独立而切断经济和技术联系"（Zhang et al.，2024：2）。澳大利亚政府在重要基础设施和矿产领域限制中国投资，并追求供应链来源的多样性，这同样体现出其在地缘政治方面的敏感考量。澳大利亚政府希望通过发布《澳大利亚国家科学声明》，为关键领域的主权能力构建和供应链韧性提供有力的科技支持，进而帮助其重新塑造"印太"地区平衡。

第二，推动经济复苏以及工业转型。受新冠疫情影响，澳大利亚面临诸多困境：不仅卫生防疫用品出现极度短缺，在其他方面，诸如港口和运输领域，其生产资料也受到了严重影响。这一情况暴露出澳大利亚产业结构存在的问题，即工业能力偏低，具体表现为自给自足水平低下，过度依赖进口以及供应链脆弱等问题。在疫情期间世界范围内供应链中断的背景下，保持一定程度自给自足的呼声日益高涨。"疫情期间，澳大利亚的工业基础无法提供支持国民健康和福祉的必需产品，这一广泛存在的担忧促使澳大利亚政策制定者更加关注超越国防领域的主权能力"（Worrall et al.，2021：1）。此外，在疫情期间，澳大利亚经济政策要求银行放松银根，致使利率下降、流动性增强，进而引发物价升高、通货膨胀等问题。全球供应链的中断进一步加剧澳大利亚经济的通货膨胀，导致生活成本升高、公民生活质量受到影响、社会更加不平等，从而引起选民的不满。鉴于2025年澳大利亚将举行联邦议会选举，执政党期待通过科技手段应对非传统安全威胁、推动产业增长并创造新的就业机会，从而提升人民的生活水平，进而提升执政党的支持率。

第三，应对全球科技迅速发展导致的竞争挑战。随着全球科技飞速发展，竞争日益加剧，澳大利亚政府迫切需要提升自身的科技能力来应对挑战。在全球范围内，对技术工人的竞争愈演愈烈，澳大利亚意识到必须加强对国内人才的培养，减少对进口人才的依赖，以此弥补科技人员的短缺现状。与此同时，人工智能、生物科技和量子计算等领域的高精尖科技正处于快速发展与迭代阶段，尖端科技制造已成为提高综合国力的重要因素。早在20世纪末，澳大利亚政府便意识到，对待技术的开放态度、对创新的驱动和拥有受过良好教育的人口，将构成关键的竞争优势（Commonwealth of Australia，1997）。此外，澳大利亚政府认为，"印太"地区的军事现代化进程，包括导弹部队部署的增强等情况，将削弱其自身军事能力，进而影响其在该地区的军事优势。为了在国际上保持较强的竞争力，澳大利亚希望更新其科学战略，大力支持本国的科技人才培养以及科技产业发展，逐步改善、提升其综合国力。

第四，深化美英澳三边安全伙伴关系"AUKUS"框架下的国际安全合作。自2021年9月成立以来，"AUKUS"始终是澳大利亚政府关注的重点。澳大利亚旨在通过《澳大利亚国家科学声明》来满足"AUKUS"第二支柱对先进能力的需求，进而巩固其与美国的传统安全伙伴关系。同时，澳大利亚还期待通过与亚太地区和南太平洋地区开展多边科技合作，以此加强区域经济增长，推动区域安全合作和发展。

总体而言，《澳大利亚国家科学声明》在"印太"地区地缘政治形势变化的背景下提出。澳大利亚借助该声明来回应全球和区域层面所面临的挑战和机遇。通过强调科技在国家经济、产业、地区利益等方面所发挥的关键作用，澳大利亚展现出对本土科技人才和资源的信心并加大相关投资，推进了其科技领域的总体方略。

2 2024年《澳大利亚国家科学声明》要点概述

在最新发布的《澳大利亚国家科学声明》里，澳大利亚政府将科学置于产业转型的前沿位置，映射出科技发展的主权属性，同时重申了科技对国家改革的关键作用以及其与国家战略的紧密关联性。

在国家层面，澳大利亚政府强调科技与国家战略深入结合，期望借助科技成果的转化推动经济和产业转型，为国防安全建设提供支持，并实现能源环境保护和气候治理等方面的发展目标。第一，政府明确了科学在重塑经济和制造基础方面的关键地位，旨在把科技优势转化为产品、产业和就业机会。其实施途径主要依托规模化的协作模式、多学科融合以及跨区域的合作方式，并秉持任务导向原则。在人员方面，政府积极促进科学家与企业家之间的交流和协作；在产业方面，通过实施以任务为导向的科学投资，与中小企业以及大型产业伙伴展开新合作，以此拓展创新的规模和能力；在科技商业化环节，政府强调要抓住重点经济领域的投资机会，实现科学和研究投资回报的最大化，进而增强未来经济的活力。第二，澳大利亚政府旨在以科学助力国防安全战略的实施，推动其在区域和全球范围内的利益。政府强调了优先获取关键能力和增强国家威慑力的重要性。为了给现代化作战部队提供装备，政府将科技创新和国防建设紧密结合。通过"先进战略能力加速器"（ASCA）等重要项目，以及深化"AUKUS"的第二支柱合作，以此应对迫切的国防需求。其中，ASCA项目聚焦于颠覆性技术的研发与应用，而"AUKUS"第二支柱所涉及的先进能力具有深远的战略意义。这些在战略和投资侧重点上的调整，揭示了澳大利亚在科技战略转型过程中对国防能力建设的高度重视与考量。第三，通过实现气候治理和对独特环境的保护，推动未来的可持续发展。例如，政府通过更新现代化能源基础设施，积极开发能够提高能效的新技术，大力推动能源转型，进而实现净零排放的目标。最后，澳大利亚政府强调科学体系的韧性，凸显了科技在应对新冠疫情等全球性危机时所发挥的重要性。

在机构与个人层面，澳大利亚政府着眼于支持科研机构、相关基础设施以及科技人才的发展，并关注科技成果的传播与接受度。澳大利亚将对其科研机构和决策系统进行现代化改造，支持跨学科以及跨机构的科研合作。丰富的国家科学机构网络保障了澳大利亚科学研究的广度和深度；同时，国家共享专业研究基础设施和系统的设立，为企业选择在澳大利亚本土设立研发和制造基地创造了有利条件，支撑了"澳大利亚制造的未来"计划（Australian Government，2024b：4）。在科技工作人员方面，澳大利亚政府预测未来将会对高端技术人才有大量需求，并提倡在澳大利亚从小学到中学再到高等教育阶段全面展开STEM（科学、技术、工程和数学）教学，以此培养多样化、技能型的劳动人才。同时，国家将更为充分地利用STEM毕业生，增强其在就业市场的流动性，不断壮大自主创新的科技人才队伍。另外，澳大利亚还将加大对原住民和托雷斯海峡岛民科学家的投资力度，学习他们关于澳大利亚大陆及其自然系统的知识，并推动针对多元化和代表性不足群体的项目发展。通过上述举措，澳大利亚科学界的成员构成将更加多元化。在接受科技创新方面，政府将支持科学参与计划，具体表现为充分尊重并倾听科学建议，积极建立公众对新技术的信任，同时抵制虚假信息，以确保人工智能的开发与使用安全可靠。此外，澳大利亚政府将致力于处理全球性的危机，并将主权延伸到了非传统安全和可持续发展等层面。

在国际合作层面，澳大利亚进一步加强了科技和国力的联系，致力于维护"印太"地区的稳定和繁荣。在"印太"地区，澳大利亚作为美国的坚定盟友，主要维护美国的国家利益以及"印太战略"。同时，澳大利亚重视东南亚地区的经济与实力的快速增长态势，以及该区域在"印太"地区战略竞争中所发挥的枢纽作用（Australian Government，2017：43-44）。基于此，政府希望加强与东南亚国家在安全合作、贸易投资以及科学技术等领域的联系。此外，澳大利亚也将进一步推动与太平洋国家在数字贸易和数字经济（Australian Government，2024a：24）、气候变化、科学技术等领域的合作，以此应对未来挑战。澳大利亚政府已将科学合作纳入了地缘政治关系的重要组成部分，并承诺对科学外交相关项目进行投资。

综上所述，2024年发布的《澳大利亚国家科学声明》明确了科技在澳大利亚国家经济产业以及战略布局中的关键地位。在国家、机构、个人和国际合作方面，澳大利亚政府均作出了全面的科技布局，致力于实现"澳大利亚制造的未来"这一宏大目标。

3　澳大利亚主权能力的构建

《澳大利亚国家科学声明》意在通过科技部署实现"澳大利亚制造的未来"计划。澳大利亚试图从以下几个方面提升其主权能力。

首先，澳大利亚重视人才培养与教育体系建设，注重将原住民知识进行融合与应用，以此增强创新和自主研发能力。在人才储备方面，政府重视本土从小学到高等教育的人才培养，旨在使技术应用主体具备相应的开发知识以及防范技术威胁的能力，从而为国家生产和吸收科技创新成果积累充足的"人力资本"（March et al.，2023）。同时，澳大利亚强化了本国的科学机构网络，促进了各类资源的整合与协作。通过教育、研究以及创新活动的协同推进，澳大利亚意在从源头上具备研发关键技术的能力，进而实现在主要战略领域的自给自足，驱动本国经济发展、提供更多就业，以及帮助国家应对大规模的挑战。

澳大利亚政府明确表示，重视并投资原住民和托雷斯海峡岛民在科技发展中的参与。通过运用原住民在澳大利亚土地上长期积累下来的经验和认知，澳大利亚的科技发展能够更加本土化。原住民问题一直是澳大利亚的政治敏感话题，而在2024年的《澳大利亚国家科学声明》中，澳大利亚政府明确认可了原住民和托雷斯海峡岛民所拥有的知识储备以及他们在科技上的实际经验，这将有利于社会群体间的和解。历史上，澳大利亚原住民很早便制造出了长矛、大石斧、石片、渔具等工具（Flood，1983：48-49），并且拥有适用于澳大利亚本土的哲学和生态观，其对自然保护和环境治理具有独特价值。例如，原住民的火耕实践复兴，有助于了解不同季节下的动植物的生存情况，防止栖息地被破坏，进而保护资源多样性（McKemey et al.，2020）。又如，在莱纳普伊（Laynhapuy）原住民保护区，约尔努族（Yolŋu）知识传承者与西方科学家合作，成功确定了沿海白千层树（melaleuca）衰亡的原因，展现了原住民传统生态知识与现代科学方法间的互补性（Sloane et al.，2018）。类似的跨学科合作模式为澳大利亚科学研究提供了新方法、新材料，保障了科学实践的多元化。从另一角度来看，这也体现了一种政治态度，无论对内或是对外，都展现出澳大利亚正在摆脱旧传统的帝国和殖民心态，开始关注国家民族的社会利益。基于此，澳大利亚政府认为在清洁能源等战略核心领域，原住民需要有众多参与，目前已制定了一个为期五年的"原住民清洁能源战略"，并将其列为国家能源转型中的一大重要事项（Australian Government，2024c）。

在上述多方因素的共同作用下，澳大利亚能够以独一无二的经验获得科技优势，进而实现新科技的自主研发，并将其应用于澳大利亚自身的国家利益。

其次，为保障科技自主研发成果的延续性，并维持国家竞争力，澳大利亚致力于构建安全可控的产业供应链。为达到该目标，澳大利亚对资源配置与关键技术投资布局进行了调整。总体上，澳大利亚计划在未来十年内显著增加国防开支，尤其看重在关键技术领域的投资，以此支持本土科技的发展和创新。从2024年《澳大利亚国家科学声明》发布到2034年这十年中，澳大利亚国防预算总计为7,650亿澳元。其中，政府有意识地优先对"下一代"技术（next-generation capabilities）进行投资，旨在实现关键科技的自主研发，其中投资占比最高的领域包括水下作战（17%）以及海上拒止和本地化海洋管控行动（16%）（Australian Department of Defence，2024：9-10）。同时，澳大利亚致力于增强本土产业能力，保证新兴以及关键产品的供应链安全。澳大利亚政府将科技置于产业发展的核心位置，通过促进科学机构与经济、工业等领域之间的流通，推动长期投资的开展，保障产品能够实现可持续转化与供应。

借助"澳大利亚经济加速器""产业增长计划""合作研究中心计划"（Australian Government，2024b）等一系列项目，澳大利亚科技得以向新兴产业和产品进一步转化，尤其是在可再生能源、低排放技术、医学科学、国防等关键能力领域。通过建设本土科技产业，澳大利亚将增加从研发到生产等各环节在国内完成的比例，这将有利于产品供应链的安全和稳定。以主要矿产品为例，对关键技术的专业知识的掌握有助于实现澳大利亚"多样化、具有韧性和可持续性的供应链"（Australian Government，2023：4）的愿景。澳大利亚本土拥有丰富的地质储量，一直是全球范围内重要的能源和资源生产和出口国家。现今，澳大利亚正致力于"提升关键矿产加工的主权能力"（Australian Government，2023：4），即通过提升相关技术水平等手段，提升其在国防军工等重要领域所用矿产的比较优势。这样做一方面是为清洁能源转型做足准备，另一方面则是为了避免受到外部遏制，如国际贸易摩擦、贸易封锁和技术制裁，从而在全球科技竞争中维持国家竞争力和经济安全。

最后，澳大利亚旨在通过双边、多边国际合作和联盟，来达到国家层面的战略目标，既希望依靠同盟扩大其自身科技优势，又期待通过国际合作和贸易促使科技创新更加高效。然而，这种策略本身存在着主权方面的矛盾，本文下一部分将展开详细论述。美英澳三边安全伙伴关系"AUKUS"构成了澳大利亚科技联盟的核心框架。澳大利亚意图通过与美英联合进行技术研发，增强集体安全与威慑力。在"AUKUS"第一支柱下，澳大利亚将获得核动力潜艇，从而增强其抵制威胁的能力，维护其政治主权。"AUKUS"第二支柱涉及量子技术、网络技术和人工智能等高端技术领域的合作。通过技术和人员的交换，澳大利亚得以增强其国防实力。例如，澳大利亚海军军官和士兵能够进入美国和英国的潜艇培训学校学习，到21世纪30年代初期，澳大利亚将能够自主运营、配备核动力潜艇（Albanese et al.，2024）。这意味着，在学习并掌握关键技术知识后，澳大利亚能够具备自主使用相关科技的能力，届时将会减少对外部技术的依赖。然而，这也将导致其军事力量和科技创新不可避免地依附于盟国的战略意图。除此之外，澳大利亚还将进一步加深与太平洋国家的经济联系，并探寻国际合作机遇，以期获得更高的科研回报和创新资源。国际贸易不仅能够通过扩大市场规模来提高本土的研发回报率，还能通过竞争机制促进新的技术创新，并为新知识的获取和创新提供契机。此外，国际劳动分工的深化有助于为科技研发配备高效的环境和相应资源，从而令科技主权所依赖的创新和产品得以更高效地产出（March et al.，2023）。

总体而言，为了加强主权能力，澳大利亚依托教育和原住民知识为自主创新科技奠定了基础；通过资源重新配置以及增强本土产业，稳固了本国产业供应链；同时，依靠国际联盟和合作弥补了自身技术的不足。

4 澳大利亚科技主权的让渡与妥协

在追求主权能力的过程中，澳大利亚强调了科技布局方面的主权意识，试图通过"全政府"的方式，即整合政府不同部门和机构的权力，来提供保障国家安全福祉所需要的生产和行动能力。但是，在达到这一目标的路径中，无论是技术来源，抑或是实际的开发能力，澳大利亚均需要借助盟友。在此过程中，澳大利亚并未能在最关键的领域实现自给自足，而是出让了一部分主权。

在国家安全和关键技术领域，澳大利亚通过与美国在科技范畴，尤其是军事技术和网络安全方面开展合作，在一定程度上提升了自主研发的能力。但与此同时，澳大利亚在技术管辖和战略应用方面受到了诸多制约。以"AUKUS"为例，澳大利亚将其作为关键战略，期待通过核动力潜艇舰队来构建不对称军事优势。然而，澳大利亚所接收的美国弗吉尼亚级潜艇，其技术归美国所有，并将受到美国的管理，这一情况体现了澳大利亚在关键技术领域对他国存在着显著依赖。

在科技使用方面，在"AUKUS"框架之下，澳大利亚的科技战略实施已成为其自身利益在同盟关系面前妥协的结果，并面临着沦为美国"印太战略"下用来抗衡中国的工具的风险。如前文所述，澳大利亚的科技已成为地缘政治的一部分。在第二次世界大战后的太平洋区域安全环境下，澳大利亚凭借《澳新美安全条约》（ANZUS Treaty）与美国建立起了坚实的安全伙伴关系。由于其孤悬海外的地理位置和相对集中的人口分布特征，澳大利亚对外部安全威胁始终持有高度的警觉性。基于对这种战略脆弱性的感知，澳大利亚的安全政策倾向于对美澳同盟的依赖，以此确保在潜在的地缘政治冲突中获得超级大国的支持和延伸威慑。同盟关系为澳大利亚提供了一定安全感，同时也构成了其外交政策和国防战略的重要基石。但是，澳大利亚作为美国在"印太"地区的"南锚"，在一定程度上将自身卷入了国际斗争的漩涡之中。这一方面来自美国的施压，另一方面也是澳大利亚自身一系列决策与行动所塑造出来的结果。在国防科技同盟的驱使下，澳大利亚在国际事务中往往与美国立场一致，如震慑、削弱中国在"印太"地区的海上力量。这具体表现为澳大利亚介入与南海问题相关的军事行动，以及对中国和太平洋岛国之间合作的干涉。这些举动使澳大利亚与中国的安全和外交关系变得愈发复杂，也在澳大利亚国内引发了争论。

由此可见，尽管澳大利亚极力想要在科技布局中强调独立主权，但在国防外交领域的战略部署上，不得不在国家安全和主权之间进行权衡。与美国的同盟使澳大利亚让渡了部分主权，以交换技术支持以及地区稳定和安全的保障。通过"AUKUS"框架下与美国和英国的密切合作，澳大利亚能够共享先进的军事技术和信息，帮助其在面对潜在威胁时保持竞争力。同时，澳大利亚能够弥补自身短板，将他国技术内化为自身的科技实力和军事力量。例如，澳大利亚政府计划在未来十年内巨额投资"先进战略能力加速器"项目，通过与企业和研究机构开展合作，将颠覆性技术转化为国防能力。这一项目在一定程度上由"AUKUS"第二支柱所搭建的先进技术驱动（Australian Department of Defence，2024）。这样一来，通过先进技术与本土国防创新生态系统的有效结合，澳大利亚方能增强本国的关键技术和相关产业链的发展。因此，若澳大利亚能够合理利用同盟带来的优势，适当的主权让渡将有利于其国家利益，并不一定会损害其主权能力。

另一方面，若澳大利亚过度依赖同盟，其主权能力将受到削弱。当美国决定削减承诺建造的潜艇数量时，澳大利亚前总理马尔科姆·特恩布尔（Malcolm Turnbull）曾指出，澳大利亚"被现实打脸"，并批评澳大利亚"完全依赖美国的决定"，甚至"放弃了我们的主权"。前总理保罗·基廷（Paul Keating）更是痛斥"AUKUS"为"历史上最糟糕的交易"。他担忧"澳大利亚将变成美国的第51个州"，并强调澳大利亚具备自卫能力，且未受到来自中国的军事威胁，根本无须被美国这样具有侵略性的国家"保护"（Farrer et al.，2024）。过去，澳大利亚在处理与美国和中国的关系时，多采用"对冲"（hedging）战略。然而，随着"AUKUS"等合作机制的深化，以及科学技术在国际局势中重要性的日益凸显，澳大利亚在战略上与美国的协同关系愈发紧密。在同盟关系下日益增强的"互操作性"更是限制了澳大利亚的自由行动。面对这样的担忧，澳大利亚计划与"印太"地区的其他国家建立更加紧密的国防合作关系，以此避免对单一国家的过度依赖，进而在面对潜在威胁时尽量保持战略独立，维护地区权力关系的平衡。由此可见，澳大利亚政府在科技发展部署中，也在试图平衡同盟所带来的主权冲突。

在科技革命重塑世界和科技实力愈发成为综合国力的关键因素的背景下，国家对科技的研发与使用越来越体现出其核心利益。澳大利亚在科技领域的布局从侧面反映了其在国家利益和外交政策上的平衡和选择。总体而言，澳大利亚在科技战略上展示出务实态度，在重视国防安全需求的同时，也在寻求自主能力的提升。美澳联盟仍然主导着澳大利亚的国家战略，但澳大利亚也在寻求多边合作和科技自主创新。对澳大利亚来说，绝对自主和过分依赖都不可取，其主权能力的增强需要建立在这两点的平衡之上。

5 澳大利亚的科技发展战略对国家防御体系的影响

澳大利亚的科技发展战略对其国家防御体系有着全方位的意义，涵盖武器系统、网络安全、指挥控制、后勤保障、国防工业以及国际合作等多个领域。借助科技研发与创新，澳大利亚可以显著提升其防御能力，帮助其应对各类安全威胁，从而更好地保障国家安全。同时，科技战略的制定和主权能力的构建和冲突，也会影响澳大利亚国防政策，反映出澳大利亚在地缘政治博弈中的战略定位。

澳大利亚科技发展战略为国家防御能力提供了更完备的基础、配套设施和相关人才储备。未来，澳大利亚的国防领域将会呈现出更开放而多元化的人员构成，跨学科、跨机构的合作模式也将更加深入。通过强化STEM教育，鼓励并投资这些学科的毕业生进入相关就业领域，澳大利亚将会吸引更多本土培养的技术型人才投身国防工业。由此，澳大利亚将得以具备自主研发国防技术的基础。此外，澳大利亚政府将在未来十年显著增加国防开支，尤其侧重具有战略性意义的领域和先进作战系统的研发，这一举措为澳大利亚先进国防技术的发展提供了坚实的资金保障。

借助科技创新与合作，澳大利亚将进一步获得非传统优势，并通过"先进战略能力加速器"等项目加速推进国防技术向实际应用的转化。这些部署体现了高效新型作战方式和智能化战争的趋势。具体而言，通过"AUKUS"第二支柱，澳大利亚将参与先进网络、量子技术和水下作战技术的共同研发，以此增强其国防安全和震慑力。同时，澳大利亚将更快速地适应国防新技术，并通过任务导向型合作模式，使其先进技术能够迅速满足国防层面的紧迫需求（Advanced Strategic Capabilities Accelerator, n.d.）。这样一来，澳大利亚将有能力在战略性领域掌握重要国防技术，确保技术的顺畅供应和快速响应。

与此同时，澳大利亚将积极推动本土国防科技与工业的结合，在试图打造自主国防工业框架的同时，依靠外部力量推动技术开发，并保障国防供应链的韧性。通过与中小企业以及大型产业伙伴展开合作，政府能够将科学发展理念和新产业机会进行有机结合。同时，其尤为注重支持高校、企业与国防科研机构的协作，以此来推动尖端技术的转化，使国防技术更直接地服务于国家防御体系。这样的框架保证澳大利亚在国际安全形势的变化之下，免受他国要挟，快速对威胁作出响应。与此同时，澳大利亚依然借助同盟和伙伴关系来稳定其供应链，以实现国家利益。例如，在国防工业技术所需原料上，澳大利亚一方面大力支持关键矿产开发，着力克服生产中的技术障碍，更多地在国内完成浓缩、分离、精炼等工序，以增强澳大利亚在矿产加工方面的主权能力；另一方面，其仍借助他国力量获得国防技术，并计划"通过与志同道合的伙伴增加投资和合作，提升澳大利亚的下游加工能力，建立具有韧性和可持续性的全球供应链"（Australian Government, 2023：26）。此处，"志同道合的伙伴"主要指特定的双边合作伙伴，包括美国、英国、印度、日本、韩国、法国和德国。其中，澳大利亚与美国在关键矿产方面的合作最为显著。

在此背景下，澳大利亚愈发重视国际防务联盟。在国际科技和地缘政治斗争中，该国仍希望通过特定的双边关系增强其科技实力和国家安全，并展现出一定的"泛安全化"趋势。在未来较长的一段时期，澳大利亚仍将强化与美国的同盟关系，以应对区域安全风险。例如，澳大利亚已与美国建立"部长级关键矿产工作组"（Australian Government, 2023：28），并依赖与美国的伙伴关系引领并维持全球关键矿产供应。通过将关键领域供应链延伸至盟国，澳大利亚旨在实现"多样化"的目的，并从盟友稳定的供应链中获益。

在国防和投资方面，澳大利亚将继续向"AUKUS"所涉及的海上作战等领域所需的高端技术倾斜资源，并加强与盟国间的互操作性，试图震慑我国海上作战力量，进一步加大对太平洋和南海地区的涉足。这一政策也体现了澳大利亚通过与盟友的合作来强化海上国防能力的战略选择。

在非传统国家安全方面，澳大利亚将提高应对新型安全威胁的能力，包括生物安全、生态安全、网络安全、人工智能安全和"人的安全"。全球化时代被很多学者称为"跨国威胁时代"，国家面对着共同的全球性危机（赵晓春，2018：6）。澳大利亚政府在面对如新冠疫情、网络攻击等全人类共同面临的安全威胁时，对科学在拯救生命、维护社会稳定方面所发挥的作用寄予了更高的期待，并相应地加大了投入。随着相关科技的研发，澳大利亚将会显著提升其在国际网络环境和生存空间内的自我防御能力。例如，为应对即将到来的人工智能时代，澳大利亚政府重视赛博安全、自主系统安全等新领域的防御能力，并推出公众科学参与计划和新型风险监控措施。由此可见，澳大利亚政府已将国家安全的范畴延伸到了"人的安全"领域，符合时代发展趋势。

6 结语

在当今"印太"地区复杂的地缘政治背景下，《澳大利亚国家科学声明》的发布对其国家战略有着深远的意义。澳大利亚通过在关键领域加强对工业转型和国防建设的投资，将科技和国家战略紧密结合在了一起。通过对本土 STEM 教育体系的深化和对原住民独特科学智慧的融合，澳大利亚政府希望以本土科技成果变现为基石，立足国内需求，打造其科技蓝图。

同时，澳大利亚政府将科技融入地缘政治和国防领域的重要战略规划之中，特别强调发展海洋科技和颠覆性科学技术，以及在国际竞争中构建相对优势。"AUKUS"作为澳大利亚国际安全合作的核心框架之一，一方面，令澳大利亚获得了技术信息，从侧面助力其本土科技能力建设；另一方面，也引发了关于主权让渡和被迫卷入国际争端的讨论。这反映出在当前充满不确定性的国际形势下，澳大利亚在追求国家安全和区域稳定时，传统军事安全观念的回归和"泛安全化"的态势。

综上所述，2024 年发布的《澳大利亚国家科学声明》强调从科学教育体系、原住民知识、产业供应链、国际合作等路径构建主权能力。在致力于提升自主研发能力的同时，澳大利亚依然依赖着同盟。若把握得当，与盟友的合作将维护澳大利亚的国家安全和区域利益。然而，关键领域的联盟也会削弱澳大利亚在科技发展和应用上的独立性，体现出其在制定科技与国防政策中面临的冲突。完全依靠自身或过度的主权让渡都不利于澳大利亚对主权能力的战略追求，因此，澳大利亚需要在安全和主权间作出平衡，从而维护国家在关键领域的优势。

　　总体来说，现阶段的澳大利亚将同盟利益和国家安全置于实现关键领域完全自给自足的能力之上。但从长远的眼光来看，主权能力在当今权力制衡中，发挥着愈发重要的决定性力量。因此，如何在科技的研发与应用中平衡国家主权与伙伴关系，以及如何在外交和国防政策中达到平衡，仍是澳大利亚在未来一段时间内所面临的主要挑战。

参考文献

赵晓春，2018. 国际安全治理的理论和实践[M]. 北京：时事出版社.

Advanced Strategic Capabilities Accelerator, n.d. Missions[EB/OL]. [2024-11-07]. https://www.asca.gov.au/about/missions.

Albanese A, Starmer K, Biden J R, 2024. Joint leaders statement to mark the third anniversary of AUKUS [EB/OL]. (2024-09-17) [2024-09-22]. https://www.pm.gov.au/media/joint-leaders-statement-mark-third-anniversary-aukus.

Australian Department of Defence, 2024. Integrated investment program[R/OL]. [2024-11-07]. https://www.defence.gov.au/about/strategic-planning/2024-national-defence-strategy-2024-integrated-investment-program.

Australian Government, 2017. 2017 foreign policy white paper[R/OL]. (2017-11) [2024-11-07]. https://www.dfat.gov.au/sites/default/files/2017-foreign-policy-white-paper.pdf.

Australian Government, 2023. Critical minerals strategy 2023-2030[R/OL]. (2023-06-20) [2024-11-07]. https://www.industry.gov.au/sites/default/files/2023-06/critical-minerals-strategy-2023-2030.pdf.

Australian Government, 2024a. Business envoy[R/OL]. (2024-03) [2024-11-07]. https://www.dfat.gov.au/sites/default/files/business-envoy-march-2024.pdf.

Australian Government, 2024b. Australia's national science statement: a future made in Australia[R/OL]. (2024-08-12) [2024-11-07]. https://www.industry.gov.au/publications/national-science-statement-2024.

Australian Government, 2024c. First nations clean energy strategy[EB/OL]. (2024-12-06) [2025-01-27]. https://www.energy.gov.au/energy-and-climate-change-ministerial-council/working-groups/first-nations-engagement-working-group/first-nations-clean-energy-strategy.

Commonwealth of Australia, 1997. In the national interest: Australia's foreign and trade policy white paper[R]. Australian Capital Territory: National Capital Printing.

Edler J, Blind K, Kroll H, et al., 2023. Technology sovereignty as an emerging frame for innovation policy—defining rationales, ends and means[J]. Research policy, 52(6): 1-13.

Farrer M, Hurst D, 2024. AUKUS pact will turn Australia into "51st State" of the US, Paul Keating says: interview by The Guardian[N/OL]. (2024-08-09) [2024-11-22]. https://www.theguardian.com/australia-news/article/2024/aug/08/aukus-pact-will-turn-australia-into-51st-state-of-the-us-says-paul-keating.

Flood J, 1983. Archaeology of the dreamtime[M]. Glasgow: William Collins.

March C, Schieferdecker I, 2023. Technological sovereignty as ability, not autarky[J]. International studies review, 25(2): 1-39.

McKemey M, Patterson L, 2020. Aboriginal cultural revival through the reintroduction of cultural burning and development of a fire and seasons calendar in south-eastern Australia[Z]. Sydney: the 6th International Fire Behaviour and Fuels Conference.

Plunkett S, 2024. The fight to define "sovereign capability" heats up[EB/OL]. (2024-03-02) [2024-11-07]. https://www.innovationaus.com/the-fight-to-define-sovereign-capability-heats-up/.

Remeikis A, 2024. Turnbull says Australia "mugged by reality" on AUKUS deal[N/OL]. (2024-03-13) [2024-09-22]. https://www.theguardian.com/world/2024/mar/13/turnbull-says-australia-mugged-by-reality-on-aukus-deal-as-us-set-to-halve-submarine-build.

Sloane D R, Ens E, Wunungmurra J, et al., 2018. Western and Indigenous knowledge converge to explain melaleuca forest dieback on aboriginal land in northern Australia[J]. Marine and freshwater research, 70(1): 125-139.

Worrall L, Gamble H, Spoehr J, et al., 2021. Australian sovereign capability and supply chain resilience: perspectives and options[R]. Attachment 2 to Submission 5. Adelaide: Australian Industrial Transformation Institute, Flinders University of South Australia.

Zhang M Y, Shi X, 2024. From confrontation to collaboration: working together on critical minerals supply chains[Z/OL]. Australia-China relations institute, University of Technology Sydney. (2024-03-05) [2024-11-07]. https://www.uts.edu.au/sites/default/files/2024-05/20240305_ACRI%20Opinion_From%20confrontation%20to%20collaboration%20-%20Working%20together%20on%20critical%20minerals%20supply%20chains_Marina%20Zhang%20and%20Xunpeng%20Shi_The%20Interpreter.pdf.

作者简介

方圆，北京外国语大学英语学院硕士研究生。主要研究领域：澳大利亚社会与政治。电子邮箱：sylvie202110@163.com。

韩锋，中国社会科学院亚太与全球战略研究院研究员。主要研究领域：亚太地区国际关系和安全关系、澳大利亚和新西兰的政治与外交。电子邮箱：hanfengcass@163.com。

（责任编辑：李建军）

解读《澳大利亚大学协议最终报告》

刘熙茜 陈弘

摘 要：为了应对澳大利亚国内普遍存在的"用工荒"问题，澳大利亚政府对高等教育系统开展了为期12个月的审查。经过多方协商与多轮沟通，2024年2月，澳大利亚教育部公布了《澳大利亚大学协议最终报告》（*Australian Universities Accord Final Report*），其中包含47项建议，主要涉及改进学生资助模式、完善技能认证体系、加大科研资金投入、收紧留学生政策以及设立专门统筹机构，为高等教育系统提供了长期改革计划。其中与国际教育相关的内容为中国留学生带来了新的挑战与机遇。

关键词：澳大利亚教育；高等教育体系；大学协议；国际教育

An Analytical Interpretation of the *Australian Universities Accord Final Report*

Xixi Liu and Hong Chen

Abstract: In order to cope with current skills shortages, the Australian government has launched a 12-month review of the higher education system. Through rounds of consultation and communication, in February 2024, the Australian Department of Education released the *Australian Universities Accord Final Report*, which contains 47 suggestions. This report mainly involves refining the financial aid policies, perfecting the skill system, increasing the investment in university research, setting stricter rules on international education and establishing a special agency/department to make overall arrangements. This provides a long-term reform plan for the higher education system. In this report, contents related to international education would bring new challenges as well as opportunities for Chinese overseas students.

Keywords: Australian education; higher education system; Universities Accord; international education

1 背景

经过多年的发展，澳大利亚打造了较为完善的高等教育体系，其办学质量在世界范围内受到广泛认可，综合表现明显高于经济合作与发展组织成员高等教育的平均水平。根据国际高等教育研究机构QS（Quacquarelli Symonds）发布的世界大学排名，澳大利亚有多所大学名列前茅。此外，在移民潮等因素的影响下，澳大利亚因其高等教育国际化水平高且移民政策与留学专业绑定性强，已经成为热门留学目的地。然而，在实践过程中，澳大利亚现行高等教育体系本身存在的问题逐渐暴露，加上现实因素的驱动，澳大利亚教育部门决定在2022年对高等教育体系开展正式审查。

在教育领域，中国与澳大利亚多年来一直保持紧密联系，合作成果丰硕。以国际教育为例，中国连续多年成为澳大利亚最大国际学生来源国。在过去20年间，有超过745,000名中国学生到澳大利亚求学，为澳大利亚经济发展作出了突出贡献，[①]也促进了两国之间的人文交流。在推动高等教育国际化、完善全国翻译专业资格考试（CATTI）等方面，澳大利亚也为中国提供了有效经验借鉴。国际教育是本次澳大利亚高等教育系统审查的重点部分之一，因此与其相关的政策和建议将对中国留学生产生较大影响。在促进高等教育协调发展、完善技能认证体系等方面，澳大利亚的审查专家小组也提出了新的设想与建议。因此，深入了解本次审查的原因以及相关报告的具体内容是非常有必要的，这将有助于我们准确把握澳大利亚留学新趋势，并总结出有利于完善中国高等教育系统的新启示。

1.1 高等教育体系存在不足

近年来，多个机构发布了与高等教育相关的调查报告，在不同程度上揭露了现行高等教育体系存在的问题。例如，在2023年，澳大利亚研究所曾发布关于"公众对高等教育问题的态度"的报告（The Australia Institute，2023）。其中，财政问题受到广泛关注。大部分受访者认为上大学成本高，对学生的经济负担表示担忧。在获取资金方面，联邦政府对高等教育资助不足，削弱了来自偏远地区的学生接受教育的意愿。同时，政府在高校科研经费投入中的占比低，不利于国家的创新发展。在资金分配方面，主要问题有：对特定人群与偏远地区的支持力度有待加强；国家教育贷款计划等资助政策僵化，使学生深陷"无息贷款"泥潭；缺乏将资金引向与国家优先发展领域相关专业的有效机制。此外，政府还要认真反思并解决高校学生就业问题、高等教育与职业教育协同发展问题、国际学生入学资质与护照审查问题，以及高校基础设施建设等问题。

---

① 资料来源于《经济观察报》官网（读取日期：2024年9月12日）。

1.2 经济发展对就业者提出更高要求

澳大利亚正面临"惊人的"技术专业人才短缺。2022年，经济合作与发展组织的数据表明，澳大利亚劳动力短缺的严重程度在经合组织内的发达国家中位居第二。从2021年8月到2022年8月，澳大利亚岗位空缺增加到了30.9万个。劳动力市场最紧缺的主要是专业技术人员以及服务人员。[①] 根据2023年澳大利亚就业与技能局发布的就业预测，在未来10年里，医疗行业将新增50多万个岗位。[②] 其他行业，如建筑、科技、教育等，也将新出现超过10万的岗位需求。在偏远地区，"用工荒"问题更为突出。以医疗行业为例，澳大利亚偏远地区研究所在2023年发布报告指出，就业与技能部的互联网职位指数表明全国近一半的医生和护士职位空缺出现在偏远地区。[③] 2022年底，医生和护士职位空缺超过6,100个，与2017年相比增长了近200%。2023年4月，相同职位在线招聘数量比3月增长了5.5%。[④]

长远看来，人才短缺会对澳大利亚的整体经济发展以及公共秩序带来巨大打击。一方面，先进生产力发展易受阻。世界已经进入数字化时代，数字经济也成为澳大利亚经济增长的重要引擎。凭借先进技术和专业知识，数字人才成为推动数字技术创新和应用的主体。如果缺乏数字技能人才，则无以支撑数字经济高质量发展，无法提高生产效率。另一方面，公共服务质量下降。近年来，与民生息息相关的行业出现大量岗位空缺，如医生、护士等，为民众日常生活带来不便，影响社会的稳定。面对日益严峻的专业人才短缺问题，接受技术移民的方法作用有限。若要真正缓解、解决该问题，须从澳大利亚的高等教育系统入手。澳大利亚高等教育体系需要进行重大变革，以培养、吸引更多满足国家发展需要的专业人才。

1.3 审查过程

2021年，时任工党教育发言人塔尼娅·普利贝赛克（Tanya Plibersek）提议，通过制定澳大利亚大学协议，结束围绕高等教育政策的政治争论。[⑤] 2022年，为全面了解目前高等教育系统存在的不足，并擘画澳大利亚高等教育未来的蓝图，教育部部长贾森·克莱尔（Jason Clare）专门任命了一个专家组进行协议审查，由阿德莱德大学前副校长玛丽·奥凯恩（Mary O'Kane）担任负责人，成员包括前工党部长詹妮·麦卡琳（Jenny Macklin）、前国家党副领袖菲奥娜·纳什（Fiona Nash）等。该小组对澳大利亚高等教育系统进行了为期12个月的审查，涉及820多份公开

---

① 资料来源于人民网（读取日期：2024年9月12日）。
② 资料来源于人民网（读取日期：2024年9月12日）。
③ 资料来源于人民网（读取日期：2024年9月12日）。
④ 资料来源于人民网（读取日期：2024年9月12日）。
⑤ 资料来源于教育理论网（读取日期：2024年9月13日）。

提交的文件和与利益相关者的180次会议。

2023年7月，教育部部长克莱尔发布了《协议中期报告》，其中概述了五项优先行动建议，以解决澳大利亚高等教育系统面临的根本挑战。五项优先行动建议包括：增设区域大学学习中心与郊区大学学习中心；废除50%及格率规定，要求增加对学生学业进展的干预；将需求驱动资金（demand driven funding）支持扩展到所有原住民学生；将高等教育连续性保证（Higher Education Continuity Guarantee）延长至2025年；与州和地区政府合作，改善大学治理。[1] 该报告发布后，专家组邀请利益相关者针对报告内容作出评价、提供改进建议。2023年7月19日至9月1日，专家组共收到320多份书面材料。部分机构对《协议中期报告》表示认可，认为这是一个良好的开端，并提出了补充建议，如采取措施降低高等教育部门的临时就业率。但也有相关人士指责这是一份失败的报告，没有抓住增加科研投资的这一重点等。[2] 根据各方的反馈，专家组针对相关内容与建议组织一对一交流、圆桌会议等，开展进一步的审查。

2024年2月，澳大利亚教育部部长贾森·克莱尔发布了《澳大利亚大学协议最终报告》（下文简称《报告》）。该报告长达370页，包含47项建议，涵盖学生资助模型、教职工福利、高校基础设施建设、国际生教育、技能认证体系、高校研究基金等多个方面。本次审查被称为澳大利亚15年来规模最大、范围最广的一次审查。《报告》提到，开展本次审查的目的是在未来二十年发展并加强澳大利亚的高等教育，使所有澳大利亚人都有机会获得知识、技能，从而在未来的工作中进行创新、不断成长。教育、研究和创新是推动澳大利亚经济繁荣、增强民族凝聚力，以及维护环境可持续性的重要因素（Department of Education，2024a）。《报告》提到的改革内容引发了广泛关注与公众热议。最初，许多高校及相关行业机构均表示欢迎这项审查，认同该审查的必要性。时任澳大利亚大学联盟（Universities Australia）首席执行官卡特里娜·杰克逊（Catriona Jackson）指出，"大学对国家繁荣至关重要。澳大利亚目前面临多重挑战，这项《大学协议》为高等教育政策改革提供了不容错过的好机会。"[3] 然而，《报告》公开后，部分内容引发高校不满。主要争议点之一是国际教育：尽管该报告最终删除了征收留学生税的方案，然而该领域的其他政策仍受到高校、地方政府以及相关企业等的质疑。[4]《报告》显示，澳大利亚政府提出要限制留学生人数，并在留学生来源上减少对中国的依赖。在具体实施过程中，政府决定采取"留学生配额制"。2025年，将有近一半的留学生只能进入私立学校

---

① 资料来源于澳大利亚教育部官网（读取日期：2024年9月12日）。
② 资料来源于澳大利亚财经见闻官网（读取日期：2024年9月12日）。
③ 资料来源于《澳大利亚人报》官网（读取日期：2024年9月12日）。
④ 资料来源于环球网（读取日期：2024年9月15日）。

和职业学校等教育机构。留学热门高校,如澳大利亚"八校联盟",对此政策表示担忧。维多利亚州工党政府甚至不顾规定,依然努力争取中国留学生到该州就读。①

本文将深入剖析《报告》文本,归纳主要内容并分析其具体内涵,并在此基础上探究相关政策对中国留学生的影响,同时结合中国高等教育发展现状,总结可借鉴的经验,为改进中国高等教育提供参考性建议。

2 主要内容与内涵

为推动高等教育体系朝着符合澳大利亚经济、社会的发展方向作出调整,《报告》提出了更具体的改革目标:到2050年,将所有工作年龄人口(至少拥有一项三级证书或更高资格证书)的高等教育率提高到至少80%;25—34岁澳大利亚人群受过大学教育的比例提高到55%;联邦资助大学生数量将增加一倍以上,增加到180万。

为了实现这些目标,《报告》针对澳大利亚高等教育的发展现状,提出了47条建议,主要内容可归纳为以下五点。

2.1 以学生为中心,促进教育公平公正

在维护学生利益方面,《报告》内容主要聚焦于提供更多切实经济福利与及时回应学生诉求。《报告》指出,随着社会经济状况的不断变化,资助政策也需要根据实际情况作出调整,否则无法真正发挥作用。以联邦政府提供的大学生助学贷款(HELP)为例,该贷款主要是为了帮助经济条件受限的学生缴纳学费,采用零实际利率的做法,只收取相当于通货膨胀率的名义利率。然而,澳大利亚正面临严重的通货膨胀问题。为了抑制通货膨胀问题,从2022年5月到2024年4月,澳大利亚央行已加息13次。② 许多学生抱怨道,"贷款总额随着通货膨胀不断增加,难以偿还。"为解决这一问题,《报告》建议改革HELP系统,包括确保助学贷款增长速度低于工资增长速度、减少低收入群体的还款负担(尤其是女性和职场新人)等。此外,政府指出大学要将一部分经费用于学生领导的社团组织、开展校内多种形式的教学实践以提升教学质量,联邦还计划设置国家学生监察专员以及时回应学生投诉等。

在促进教育公平方面,主要目标是增强弱势群体在接受高等教育人群中的代表性。来自低社会经济地位背景(low SES)的公民占总人口的25%,但仅占本科生

---

① 资料来源于观察者网(读取日期:2024年9月12日)。
② 资料来源于澳大利亚财经见闻官网(读取日期:2024年9月12日)。

注册总数的17%。若能提高该群体的高等教育参与度，将会为社会发展带来显著好处，不仅能够增加技术人才的数量，还能促进区域平衡发展。为实现这一目标，澳大利亚政府需要从两个方面入手：增强少数群体的受教育意愿、移除少数群体经济上的阻碍。

相比于较发达地区的学生，少数群体对接受高等教育的意愿较弱。由于这些群体大多来自偏远地区，学校分布较少，因此大多数学生只能选择异地上学或线上学习。对于异地上学的学生而言，除了经济负担之外，远离故乡亲人也使其缺乏情感上的支持。在地区文化背景、家庭传统观念、教育成本以及就业期待等因素的影响下，澳大利亚偏远地区的学生普遍存在"尽快工作"的逐利性（位钰凯 等，2023）。为了增强该群体的就读意愿，澳大利亚政府将制定外展计划，通过开展全国范围的交流活动、制定涵盖全阶段的国家职业发展建议框架等方式，宣传高等教育带来的独特就业优势，激发更多弱势群体的学习热情，改变其就业观念。此外，阿尔巴尼斯政府将投资6,690万澳元，在主要城市的远郊建立20多个地方大学学习中心与14个新的郊区大学学习中心。[1]如果少数群体学生能够在离家更近的地方接受更高质量的高等教育，这将有利于提高该群体的大学入学率以及毕业率。

经济状况是制约弱势群体继续学业的重要原因。这些学生大多来自欠发达地区，家庭收入较低。除了必要的学费之外，长距离通勤、住宿等开支也是一笔不小的开销。他们甚至还需要参加强制性无薪实习，陷入更严重的经济困境。一项针对2018年1—4月澳大利亚六大求职网站1,000多条实习生招聘广告的研究发现，这些岗位几乎都是无薪的。[2]为了打消弱势群体学生经济上的顾虑，《报告》提出建立一个基于需求的资助方式，以充分考虑到每一位弱势群体学生获得成功所需的额外支持。对于顺利完成高等教育的弱势群体学生，政府也会提供额外的奖学金。《报告》还建议开设更多免费的高质量预科课程，进一步提升入学率。

2.2 推动教育协调发展，完善技能认证体系

随着经济结构的调整和新兴产业的发展，市场对高技能劳动力的需求日益增加。根据澳大利亚就业与技能局（JSA）的预测，未来十年里，超过90%的新工作将需要中等教育以上的资格证书。其中大约50%需要学士学位或更高资格，44%需要职业教育与培训（VET）资格。[3]基于当前政策，若要实现"到2050年，55%的25—34岁人口接受过大学教育"这一目标，联邦政府资助的学生人数应相应达到180万（Department of Education，2024a）。因此，除了调整学生贷款政策，联邦

---

① 资料来源于澳大利亚政府部长新闻中心官网（读取日期：2024年9月15日）。

② 资料来源于中国新闻网（读取日期：2024年9月15日）。

③ 资料来源于澳大利亚就业与技能局官网（读取日期：2024年9月15日）。

政府也计划增加资助人数以培养更多社会需要的技术人才。

当今雇主需要的是拥有多种技能的毕业生，即不仅了解前沿知识，还掌握专业技术，且具备通用技能的人才。为了更好地满足市场需求，政府要大力推进高等教育与职业教育协调发展。相关政策可追溯到1995年，澳大利亚建立了全国统一的资格框架体系（AFQ），涵盖各等级的资格、证书和学位，规定了不同等级资格之间的相互衔接和互认关系。然而，审查发现当前教育系统存在结构性问题，如AFQ僵化、缺乏与职业技能相关的学分认证等。因此，《报告》提出要建立一个更灵活、高效的技能系统，让学生们可以在高等教育、职业教育、继续教育之间自由转换，学习新知识，掌握所需技能。首先，需要确定通用的技能表述规范，以便更准确地阐述岗位所需技能。在人才培养方面，主要措施之一是改进学分认证体系。《报告》建议高等教育机构与工商界合作，采用一致的、全国通用的、透明的方法来认证先前经验（RPL）和学分，方便学习者在不同的教育部门上课、培训。在课程设置上，鼓励企业、工会与高等教育机构共同设计、教授课程，帮助学生获得行业真正所需的技能与知识。此外，完善数字基础设施也是解决高等教育系统协调问题的有力途径，即开发统一的技能和资格数字平台，明确记录相关人员的教育经历、工作经验以及所获技能证书，方便雇主以及校方查看。

从雇主的角度出发，评估应聘者资质的最直观标准便是技能证书和工作经历。在完善技能认证机制方面，主要建议包括制定新的微证书认证政策、打造全面的模块化、构建可累加和迁移的资格认证体系等，以灵活回应不断变化的市场需求。以微证书为例，该制度可以帮助劳动者通过短期培训快速获得岗位所需的新技能，促进了继续教育的发展，提供更多终身学习的机会，因而受到社会青睐。在增加工作经历方面，主要是通过"就业经纪人"等方式帮助学生找到与专业相关的兼职、实习，积累工作经验。

2.3 加大科研资金投入，设立新奖励机制

澳大利亚的高等教育机构对国家创新作出了杰出贡献。2022年，仅占世界人口0.33%的澳大利亚发表的研究成果占世界的3.4%（Department of Education，2024a）。然而，为了进一步发挥高等教育的研究优势，本次审查需要回应的主要问题之一便是如何让高等教育研究部门充分发挥其潜力，产出尖端研究成果并将其转换为新生产力。

其中最重要的问题是确保研究资金充分充足。根据经济合作与发展组织（OECD）官网的数据，作为发达国家，澳大利亚目前的研究与发展（R&D）总支出较少，尤其是来自政府部门的投资。[①] 为了充分发挥高等教育机构的科研潜力，澳大利亚

---

① 资料来源于经济合作与发展组织官网（读取日期：2024年9月15日）。

政府决定加大资金投入。首先,《报告》提到要对国家研究经费进行战略性审查,制定多政府机构战略,为政府在研究与发展板块的资金投入设定中长期目标——明确国家研究经费占国内生产总值的比重。其次,《报告》多次提到要加大对澳大利亚研究理事会(ARC)的资助,还要为国家合作研究基础设施战略(NCRIS)提供稳定的资金。在资金的分配上,要多关注基础性研究。此外,《报告》还建议为学生提供更好的条件,如更高的津贴,吸引其在科研领域深耕。同时,鼓励公司资助员工深造,提升学历水平。

为了让研究成果与国家需求更加契合,《报告》建议成立"解决澳大利亚挑战战略基金"。与一般性支持机制不同,该基金主要根据研究成果来给予奖励,即"为工业、政府、商业和社会解决重大问题,或在研究应用、研究成果商业化方面取得重大成功"的大学会获得更多支持,引导大学、企业等部门开展更有针对性的研究活动。《报告》还提出要加强政府、学界、工商界之间的交流与合作,例如成立研究投资者论坛,为各行业高层机构合作提供交流平台。

此外,还要充分关注原住民群体在高校科研事业中的独特作用,尤其关注与原住民文化相关的项目。为增强原住民的参与性,《报告》建议开展由第一民族群体主导的高等教育审查,内容包括相关研究机构的作用、竞争性研究补助金的分配等。另外,还要让更多有能力的原住民进入大学领导层。

2.4 提高来澳门槛,制定满足市场需求的留学生政策

在高等教育国际化方面,澳大利亚位于世界前列。根据澳大利亚教育部网站的数据,截至2024年5月,在澳大利亚的国际学生在读人数达81.1万人,比2019年同期增加17%。[①]大量外来人员的涌入在一定程度上加剧了澳大利亚的住房危机。为了缓解澳大利亚的住房短缺问题,政府决定实行更严格的移民计划,并压缩留学生数量,以减少移民人数,降低人口基数。[②]2024年8月,澳大利亚教育部门宣布,2025年国际学生总人数上限为27万,比2023年减少16%。[③]然而,留学产业是澳大利亚重要出口服务业。2023年,国际生群体为澳大利亚带来了480亿澳元(约合2,275亿元人民币)的收入。[④]留学生的学费也是澳大利亚高等教育机构重要的财政收入来源。在促进澳大利亚多元文化发展方面,留学生也发挥了不可替代的作用。因此,限制留学生将会对国家经济、社会文化、高校科研等领域产生巨大影响。鉴于移民问题已经成为澳大利亚大选的重点问题,在"经济发展"与"政绩"

---

① 资料来源于澳大利亚教育部官网(读取日期:2024年6月1日)。

② 资料来源于《北京日报》官网(读取日期:2024年9月12日)。

③ 资料来源于环球网(读取日期:2024年9月15日)。

④ 资料来源于澳大利亚财经见闻官网(读取日期:2025年1月29日)。

之间，阿尔巴尼斯政府选择了后者。

通过调查发现，部分留学生其实是"伪学生"，利用学生签证来澳大利亚打工赚钱（Department of Home Affairs，2023a）。还有一部分人则是想通过留学实现移民，大多会选择会计等技术门槛较低的专业，无法满足澳大利亚就业市场的需求。因此，除了限制留澳人数，政府对来澳人员的综合素质也提出了更高要求。2023年12月，澳大利亚政府公布了新的移民战略，在英语语言能力等方面设置了更高标准。在国际教育系统改革方面，澳大利亚政府希望通过多方合作，提高教学质量，吸引并留下更多社会需要的高素质人才。一方面，《报告》提出，政府要与高等教育机构合作，做到招生政策与移民战略步调一致、专业课程设置与澳大利亚技能需求贴合。另一方面，政府还要加强与地方大学的联系，吸引更多学生到偏远地区学习、就业。对于2025年国际学生招生名额，政府采用了配额制。公立大学的招生上限为14.5万人左右，剩余近一半的学生则只能进入职业院校或其他大学和教育机构。这也意味着，一些较小的偏远地区学校有机会招收更多国际学生。[①]另外，在偏远地区学习的留学生可继续享受申请延长1—2年的临时毕业生签证政策（Department of Home Affairs，2023b）。同时，《报告》也关注到了国际生的就读体验，提出要保障留学生的权益。例如，政府要保护留学生免受不规范中介的坑骗。留学生的住房问题也是《报告》关注的重点问题之一。然而，澳大利亚教育部门在一定程度上受到了地缘政治斗争的影响。例如，《报告》提出，要实现留学生来源多元化，减少对中国的依赖，为印度学生提供更多机会等。

2.5 设置专门机构，坚持统筹规划

《报告》建议成立澳大利亚高等教育委员会。该委员会将作为法定的国家机构，负责规划创建高质量、有凝聚力的高等教育体系，并同时承担监督职责。其主要职能包括政策协调和发展、系统规划、定价、分配资金等。该委员会每年都要撰写《高等教育系统状况报告》以及每三年编写一份规划性报告，做到及时发现问题，根据新情况及时调整政策。澳大利亚政府应积极与各州和各领地协商，争取扩大该机构的职能，实现更高效的综合治理。例如，以各地的实际情况为参考，协商推动成立更多专注于教学或是专门从事研究的高等教育机构。此外，为了确保澳大利亚高等教育委员会对整个高等教育系统有更全面的认识，高等教育质量与标准署（TEQSA）和澳大利亚研究理事会应成为委员会的一部分。两个组织既是委员会旗下的独立机构，又保留各自的法定职能。此外，《报告》还要求政府仔细审查澳大利亚技能质量管理局（ASQA）纳入该委员会的可能性，以避免重复监督。

在过渡阶段，《报告》建议成立一个暂时性的执行咨询委员会，以便及时回应

---

① 资料来源于澳大利亚政府网（读取日期：2024年9月12日）。

落实改革措施过程中出现的新问题。一方面，就《报告》中的建议，该机构会向政府提供反馈。对于如何保持改革势头，该机构也会提出切实可行的建议。另一方面，一旦明确了改革的规模，该机构便会制定计划表，并就立即采取的行动提出建议。高等教育委员会成立后，该机构将由委员会的咨询部门取代。

3　对中国的影响与启示

2024年2月，澳大利亚教育部公布了《澳大利亚大学协议最终报告》。其中，国际教育相关内容或对中澳关系产生负面影响。《报告》提出要减少对中国留学生的依赖，争取更多印度学生。该倾向在一定程度上反映出澳大利亚的教育政策受到了地缘政治斗争的影响，阻碍了多元文化的发展，也不利于中澳关系的恢复与改善。对于中国留学生来说，应是喜忧参半。一方面，考虑到招生名额被压缩、院校选择受限制，中国学生只能进一步提升个人背景或准备更多备用方案，如申请排名靠后或更偏远的院校，或者申请其他国家的院校。另一方面，若顺利录取，留学生的相关权益能得到更好的保障，例如更容易获得性价比高的住房。

目前，在高等教育领域，中国与澳大利亚面临相似的问题。中国有丰富的人才储备，高校毕业生规模持续扩大，2024届全国普通高校毕业生规模预计达1,179万。[①]然而，中国依然面临人才缺口大的挑战，说明中国高等教育体系与市场需求出现脱节。通过阅读和分析《澳大利亚大学协议最终报告》，有两点值得借鉴。

第一，完善高等教育资助体系，扶志扶贫两手抓。一方面，积极开展宣传教育，通过树立励志典型激励来自贫困家庭的学生。另一方面，加强就业指导，提供更多兼职岗位，保证基本实习补贴。例如，高校可与企业联手打造就业数字平台，方便学生及时了解高质量的日常实习/兼职信息。对于护理、医疗等相关专业的实习实践，政府、高校、企业应共同承担发放给学生的实习补贴费用，减轻学生的经济负担。

第二，推动教育协调发展，精确对接市场需求。一方面，从地区性政策入手。省、市政府可以尝试与当地的大学和职校开展新型合作办学。例如，江苏、云南等省份已经开始高（高职院校）本（本科高校）贯通培养试点，[②]将继续教育融入高职院校中。另一方面，职校要加强与工商界合作与交流，以了解最新的人才需求。在此基础上，开办针对在岗人员的短期技能培训课程，并及时更新、调整针对在校生的相关课程安排，精准对接市场需求。除此之外，政府部门还可借鉴微证书制度，为劳动者提供更新技能、学习新知识的机会。

---

① 　资料来源于《中国青年报》官网（读取日期2024年9月15日）。
② 　资料来源于江苏省教育厅职业教育处官网（读取日期2024年9月15日）。

4 结语

近年来，澳大利亚面临日益严峻的技术人才短缺的问题，反映出当今高等教育系统无法很好地顺应社会的发展状况。为解决这一问题，澳大利亚教育部门组织成立了专家小组，对本国高等教育系统开展了全方位审查。经过多方讨论协调与多轮修改，相继发布了《协议中期报告》与《澳大利亚大学协议最终报告》。

《澳大利亚大学协议最终报告》详细介绍了47条建议，主要涉及改进学生资助模式、完善技能认证体系、加大科研资金投入、收紧留学生政策、设立专门统筹机构等方面，为澳大利亚高等教育改革制定了蓝图。其中，国际教育是本次审查的重点之一。《报告》中与留学生相关的内容引发热议，如减少对中国留学生的依赖。相关政策或会对中澳关系带来负面影响，也不利于澳大利亚多元文化的发展。对于中国留学生而言，新的挑战与机遇并存，需提前做好规划。在增强个人竞争力的同时，准备好备用方案，以灵活应对各种新政策。此外，中国目前与澳大利亚面临相似的问题，即教育与市场需求脱节。为应对这一挑战，澳大利亚《报告》提出了新建议，也为完善中国高等教育系统提供了新思路。在阅读和分析《报告》原文的基础上，结合中国高等教育发展现状，本文为改进中国高等教育系统提供了两条建议，包括完善高等教育资助体系以及大力推动高等教育、职业教育与继续教育融合发展。

参考文献

位钰凯，张祎，2023. 澳大利亚偏远农村高等教育政策研究及启示——基于对澳大利亚《国家偏远农村地区高等教育发展战略》最终报告的文本解读[J]. 教育探索（10）：87-93.

Department of Education, 2024a. Australian universities accord final report document[R/OL]. (2024-02-21) [2024-09-12]. https://www.education.gov.au/australian-universities-accord/resources/final-report.

Department of Education, 2024b. Australian universities accord final report—summary report[R/OL]. (2024-02-23) [2024-09-12]. https://www.education.gov.au/australian-universities-accord/resources/australian-universities-accord-final-report-summary-report.

Department of Home Affairs, 2023a. The rapid review into the exploitation of Australia's visa system [R/OL]. (2023-03-31) [2025-01-29]. https://www.homeaffairs.gov.au/reports-and-pubs/files/nixon-review/nixon-review-exploitation-australia-visa-system.pdf.

Department of Home Affairs, 2023b. Migration Strategy: Getting migration working for the nation[R/OL]. (2023-12-11) [2024-09-12]. https://immi.homeaffairs.gov.au/programs-subsite/migration-strategy/Documents/migration-strategy.pdf.

National Tertiary Education Union, 2023. Response to expert panel review's interim discussion paper[R/OL]. (2023-09-01) [2024-09-12]. https://www.education.gov.au/system/files/2023-09/AUA_inter_

tranche6a_147%20National%20Tertiary%20Education%20Union.pdf.

The Australia Institute, 2023. Briefing paper: public attitudes on issues in higher education[R/OL]. (2023-07) [2024-09-12]. https://australiainstitute. org. au/wp-content/uploads/2023/07/Public-attitudes-on-education-FINAL.pdf.

作者简介

刘熙茜，华东师范大学澳大利亚研究中心研究助理。主要研究领域：中澳关系、澳美关系、澳大利亚外交。电子邮箱：lxx17708698511@163.com。

陈弘，华东师范大学澳大利亚研究中心主任。主要研究领域：中澳关系、澳大利亚政治与外交。电子邮箱：hchen@english.ecnu.edu.cn。

（责任编辑：窦薇）

澳大利亚国际教育发展趋势与中澳教育合作状况（2016—2023年）

马乃强

摘　要: 澳大利亚是拥有优质教育资源的国家，在各个阶段都有成熟而完善的教育体系。澳大利亚国际教育发展迅速，已成为该国第四大出口产业；但近年来澳大利亚国际学生数量和国际教育收入在急剧下降后又迅速回升，国际教育产业处于震荡调整期，其发展受到重大挑战。教育合作是中澳双边交流的重要内容，中国连续多年保持着澳大利亚最大的国际学生来源国地位，中国留学生对澳大利亚国际教育发展具有关键性的影响。但近年来，中澳双边关系持续走低，新冠疫情影响严重，中国赴澳留学生数量急剧下降，给澳大利亚国际教育产业带来冲击；疫情后随着中澳关系的回暖，赴澳留学生数量正在缓慢回升。当前，中澳教育合作机遇和挑战并存，中澳双方应开展合作，应对挑战，促进中澳教育交流与合作，共同推动澳大利亚国际教育发展。

关键词: 澳大利亚；国际教育；中澳关系；教育合作

Australian International Education Tendency and China-Australia Education Cooperation (2016-2023)

Naiqiang Ma

Abstract: Australia has high-quality education resources and an established education system for different stages. Australian international education has been developing fast and is now the fourth-largest export earner. Only in recent years has Australian international education been reshaped drastically, and with the sharp decrease and increase in both international student enrollments and international education income, facing many challenges. China-Australia education cooperation serves as an important factor for bilateral relations. China has been the largest source of international students in Australia for several consecutive years, and thus, international students from China play an essential role in Australian international education. But in recent years, with the tense bilateral relations and the impact of the COVID-19 pandemic, Chinese international student enrollments have suffered a huge decrease, affecting the Australian international education industry. With the warming bilateral relations in the post-pandemic era, the number of Chinese international students is also slowly recovering. Opportunities and challenges coexist for China-Australia education cooperation, so China and Australia should cooperate to address the challenges and hence improve China-Australia education communication and cooperation, enhancing the development of Australian international education.

Keywords: Australia; international education; China-Australia relations; education cooperation

1 引言

    澳大利亚教育资源丰富且教育质量较高，在学前教育、中小学教育和高等教育等各个阶段都有成熟而完善的教育体系。澳大利亚自20世纪50年代起即实施科伦坡计划（Colombo Plan），在推行国际教育方面有着悠久和骄人的历史。历经教育援助（20世纪50年代至80年代）、教育贸易（20世纪80年代至90年代）、教育国际化（进入21世纪至今）等阶段（陈弘 等，2016），澳大利亚国际教育自2007年起超越旅游业，位居服务业出口贸易第一位，现已发展成为仅次于铁矿石、煤炭和天然气的第四大出口产业（胡丹 等，2021）。从中小学生、本科生到研究生，国际学生都是澳大利亚教育系统的重要组成部分。2016年4月，澳大利亚教育部发布《国家国际教育战略（2025年）》（*National Strategy for International Education 2025*），重点关注提升国际教育和学生体验的质量，显示出澳大利亚优先发展国际教育的决心。为应对近年来国际学生数量和国际教育收入震荡调整带来的挑战，2021年11月，澳大利亚教育部又发布《澳大利亚国际教育战略（2021—2030年）》（*Australian Strategy for International Education 2021-2030*），着重强调多元化和以学生为中心，保持增长率和竞争性，加强澳大利亚在国际教育界的领导地位。

    中国与澳大利亚自1972年12月建交以来，双边关系发展时有波折但相对顺利，中澳两国在经贸、农业、食品、知识产权、执法安全、旅游、电子商务等领域务实合作，成果丰硕。目前，中国已成为澳大利亚在全球最大的贸易伙伴、最大的出口市场和最大的进口来源国。中国是世界上最大的国际学生来源市场，2019年国际学生数量超过70万；澳大利亚是中国学生第二大留学目的国，领先于加拿大、日本和英国，仅次于美国。①教育交流与合作是中澳双边关系的重要组成部分，中国留学生对澳大利亚国际教育发展具有关键性的影响。自2002年有大规模统计数据起，中国一直是澳大利亚最大的国际学生来源国，但自2018年以来，中澳双边关系持续紧张，再加上新冠疫情的严重影响，中国赴澳留学生数量增长速度放缓，随后急剧下降；随着2022年阿尔巴尼斯政府上台，中澳双边关系趋于缓和，疫情后中国赴澳留学生数量也在缓慢回升。本文重点分析自2016年《国家国际教育战略（2025年）》发布以来中澳两国政府的相关数据资料，拟从三个方面进行阐述：第一，分析近年来澳大利亚国际教育发展趋势；第二，阐明近年来中澳教育合作状况；第三，剖析中澳教育合作机遇和挑战并提出相应的处理措施。

2 澳大利亚国际教育发展趋势

2.1 澳大利亚国际教育状况

澳大利亚拥有优质的教育资源。在经济合作与发展组织（OECD）发布的《2023年教育观察报告》排名中，澳大利亚是拥有世界最高质量教育体系的国家之一。②澳大利亚提倡终身教育，加强全纳教育，针对各个阶段的教育体系成熟而完善。澳大利亚国际教育发展始于20世纪50年代，科伦坡计划的实施将许多亚太地区的留学生带到澳大利亚接受高等教育；经过半个多世纪的发展，澳大利亚位居国际学生留学目的国第三位，仅次于美国和英国。澳大利亚国际教育包括高等教育（higher education）、职业教育（VET）、中小学教育（schools）、语言课程（ELICOS）和非学历教育（non-award）等领域；各教育领域的国际学生都是澳大利亚教育系统中宝贵的资源，为其带来巨额利润。2023年，澳大利亚国际学生注册数量总计975,229人，达到近年来的最高点；③同年，澳大利亚国际教育收入也达到顶峰，为其经济贡献创纪录的476.33亿澳元，创造20余万个就业岗位，位居澳大利亚第四大出口产业，是服务出口贸易第一大部门。④

2016年4月，澳大利亚教育部正式发布《国家国际教育战略（2025年）》，阐述澳大利亚国际教育现状、战略目标以及实施建议，指出创新和协作对发展国际教育的重要性，在现有教育系统成功的基础上制定十年发展计划（马娜 等，2020）。该战略提出发展国际教育的三大支柱以及九个具体的战略目标。支柱一为加强基础：建立世界一流的教育、培训和研究体系，提供优质的学生体验，提供有效的质量保

① 资料来源于中华人民共和国教育部官网（读取日期：2024年3月6日）。
② 资料来源于经济合作与发展组织电子图书馆（读取日期：2024年3月17日）。
③ 资料来源于澳大利亚教育部官网（读取日期：2024年5月22日）。
④ 资料来源于澳大利亚统计局官网（读取日期：2024年5月8日）。

障和监管体系。支柱二为构建变革型伙伴关系：强化国内伙伴关系，加强海外伙伴关系，增强学生流动性，建立与校友的持久联系。支柱三为提高全球竞争力：提升国际教育提供者的声誉，抓住国际教育发展的机遇。该战略旨在保持澳大利亚在教育、培训和研究领域的全球领导地位，确保在向国际学生提供教育服务方面保持领先，显示澳大利亚优先发展国际教育的决心，重点关注提升国际教育的质量和国际学生的体验，在注重经济价值的同时，力争实现社会和文化效益最大化。

近年来，教育方式的革新、中澳等双边关系的变化以及国际教育的可持续性风险为澳大利亚国际教育的发展带来诸多挑战，国际学生数量和国际教育收入增长速度明显放缓。2020年初，随着新冠疫情的暴发，澳大利亚关闭边境，禁止所有非公民或永久居民身份的旅客入境，国际学生数量和国际教育收入双双急剧下降并持续数年，给澳大利亚国际教育产业带来冲击。澳大利亚国际教育面临的挑战加剧，迫切需要出台新的针对性措施以吸引更多学生，从而保持国际教育的全球竞争力。《国家国际教育战略（2025年）》尚未执行结束，澳大利亚教育部便于2021年11月正式发布《澳大利亚国际教育战略（2021—2030年）》，旨在重振澳大利亚国际教育产业，规划下一个十年的可持续发展，创造新的增长点，改善国际学生的留学体验，着重强调实施国际教育生源多元化、满足澳大利亚劳动力和技术需求、保障以学生体验和福利为中心、保持国际教育增长率和竞争性等四项优先，进一步加强澳大利亚在国际教育界的领导地位（张欣亮 等，2023）。目前，该战略实施顺利，效果明显，澳大利亚国际教育产业经历震荡调整后再次快速发展。

2.2 澳大利亚国际教育发展趋势

自2016年澳大利亚发布《国家国际教育战略（2025年）》以来，澳大利亚国际教育获得长足发展，国际学生规模（包括注册数量与新生数量）年均增长速度超过10%，国际教育收入（包括国际学生支付的学费和生活费用）也持续快速增长。2019年，国际学生数量和国际教育收入双双创造新的纪录，为澳大利亚经济发展做出重要贡献；但自2020年以来，受国际局势、外交关系和疫情等因素影响，澳大利亚国际教育处于震荡调整期，国际学生数量和国际教育收入均趋于急剧下降态势，其发展受到重大挑战，严重冲击澳大利亚其他相关行业。随着疫情结束，澳大利亚重开边境，国际学生重返校园，国际学生数量和国际教育收入迅速回升；2023年，国际学生数量和国际教育收入均达到历史最高值，澳大利亚国际教育产业得以重振发展。

2019年，澳大利亚国际学生注册数量共计952,379人，较上年增长9.14%，达到近年来国际学生数量的顶峰，但增长速度已有所回落；新生数量共计510,460人，增长率则放缓至6.70%（如图1所示）。2019年，澳大利亚国际教育收入达到

398.58亿澳元，较上年增长48.40亿澳元，增幅为13.82%（如图2所示）。国际学生数量和国际教育收入双双增长，创造新的纪录，为澳大利亚带来重大经济效益。

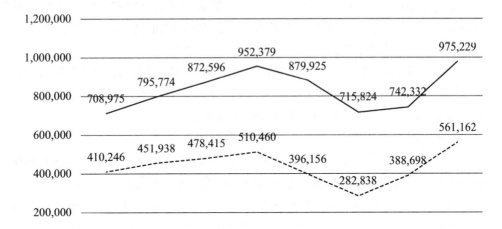

	2016年	2017年	2018年	2019年	2020年	2021年	2022年	2023年
注册数量	708,975	795,774	872,596	952,379	879,925	715,824	742,332	975,229
新生数量	410,246	451,938	478,415	510,460	396,156	282,838	388,698	561,162

图1　2016—2023年澳大利亚国际学生数量（单位：人）

（数据来源：澳大利亚教育部官网）

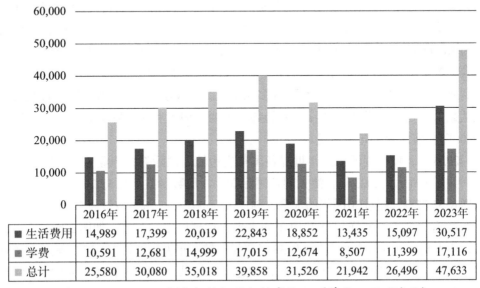

	2016年	2017年	2018年	2019年	2020年	2021年	2022年	2023年
生活费用	14,989	17,399	20,019	22,843	18,852	13,435	15,097	30,517
学费	10,591	12,681	14,999	17,015	12,674	8,507	11,399	17,116
总计	25,580	30,080	35,018	39,858	31,526	21,942	26,496	47,633

图2　2016—2023年澳大利亚国际教育收入（单位：百万澳元）

（数据来源：澳大利亚统计局官网）

2020年3月，因新冠疫情迅速蔓延，澳大利亚启动边境关闭政策，禁止所有非公民或永久居民身份的旅客入境，澳大利亚国际学生数量明显下滑，国际教育收入大幅下降。2020年，澳大利亚国际学生注册数量共计879,925人，较上年下降7.61%；新生数量为396,156人，下降幅度为22.39%（如图1所示）。2020年，澳大利亚国际教育收入为315.26亿澳元，较上年下降83.32亿澳元，降幅为20.90%（如图2所示）。但国际教育仍是澳大利亚第四大出口产业。国际教育收入下降幅度较大，但国际学生数量下降幅度稍小，表明澳大利亚国际教育发展处于调整期，需要及时修正国际教育战略，更为注重教育质量的提升。

在澳大利亚国际教育收入中，国际学生的生活费用支出要显著超过支付的学费；随着疫情的形势变化和边境政策的收紧，国际学生数量急剧下降，新生录取数量严重下滑，大量注册学生也因为旅行禁令而无法入境澳大利亚，难以产生相应的生活费用支出，国际教育收入受到深度影响。如图1所示，2021年，澳大利亚国际学生注册数量共计715,824人，较上年大幅下降18.65%，降至2016年的水平；新生数量为282,838人，下降幅度达28.60%，更是跌至2012年的水平。如图2所示，2021年，澳大利亚国际教育收入为219.42亿澳元，较上年下降95.84亿澳元，降幅为30.40%。国际学生数量和国际教育收入双双大幅度下降，表明澳大利亚国际教育发展受到重大挑战，也说明《澳大利亚国际教育战略（2021—2030年）》的出台恰逢其时。

2022年，澳大利亚向所有"完全接种疫苗"的国际旅客重新开放国境，大批国际学生在边境开放以后重返澳大利亚校园，带来相应的国际教育收入增长。2022年，澳大利亚国际学生注册数量共计742,332人，较上年小幅回升3.70%；新生数量为388,698人，增长幅度达37.43%（如图1所示）。2022年，澳大利亚国际教育收入为264.96亿澳元，较上年增长45.54亿澳元，增幅为20.75%（如图2所示）。澳大利亚重新开放国境，国际教育生源多元化发展，国际学生数量和国际教育收入双双从最低点回升，保持可持续发展趋势，表明《澳大利亚国际教育战略（2021—2030年）》实施效果开始展现。

2023年，疫情逐渐消退，世界各国重启边境，国际教育产业重新得以蓬勃发展。如图1所示，2023年，澳大利亚国际学生注册数量共计975,229人，较上年大幅增长31.37%，超过2019年的水平，创造了新的纪录；新生数量为561,162人，增长幅度达44.37%，同样超过2019年的水平，达到历史最高值。如图2所示，2023年，澳大利亚国际教育收入为476.33亿澳元，较上年大幅增长211.37亿澳元，增幅为79.77%，同样超过2019年的水平，创造新的纪录。国际学生数量和国际教育收入双双大幅度增长，均达到历史最高值，表明澳大利亚国际教育经历震荡调整后再次快速回升，国际教育产业得以重振发展。

我们以2016—2023年统计数据为基础，对近年来澳大利亚国际教育各领域发展趋势进行具体分析。

澳大利亚的高等教育对国际学生的吸引力最大，自2016年以来，注册数量一直在高速增长。如表1所示，2019年，高等教育国际学生数量为440,856人，达到顶峰，占比46.29%，较上年增长10.67%，较2016年增幅达到44.29%。2020年、2021年和2022年，高等教育国际学生数量连续走低，下降幅度为5.10%、12.60%和1.54%，但低于整体年度下降水平。2023年，高等教育国际学生数量大幅回升，较上年增长21.51%，接近2019年的水平。这说明澳大利亚高等教育一直保持较高水平，对国际学生仍然保持较强的吸引力。同时，澳大利亚的职业教育对国际学生的吸引力也在逐步增加，2016年以来注册数量也一直在增长。2020年，职业教育国际学生数量逆势增长，为304,395人，达到历史最高点，仅次于高等教育，占比34.60%，在国际学生数量整体下降的情况下仍较上年增长8.18%，较2016年增幅达到62.75%。2021年和2022年，职业教育国际学生数量也出现下滑，下降幅度为7.45%和3.77%，但远低于整体年度下降水平。2023年，职业教育国际学生数量大幅回升，较上年增长21.00%，超过2020年的水平。这说明澳大利亚的职业教育质量较高，未来可能吸引更多国际学生赴澳大利亚留学。

表1　2016—2023年澳大利亚高等教育和职业教育国际学生数量（单位：人）

年份	2016	2017	2018	2019	2020	2021	2022	2023
高等教育	305,535	349,304	398,367	440,856	418,355	365,662	360,026	437,485
职业教育	187,028	216,835	243,026	281,387	304,395	281,708	271,083	328,009

（数据来源：澳大利亚教育部官网）

澳大利亚的中小学教育、语言课程和非学历教育也是国际学生的重要选择，但吸引力在近年来有所下降。如表2所示，2018年，中小学国际学生数量达到近年来最高点，为26,710人，占比3.06%；此后逐年下滑，于2022年跌至11,737人，为2002年（23,222人）以来的最低点。2019年，语言课程国际学生数量达到近年来最高点，为156,455人，占比16.43%，此后逐年下滑；2021年急剧下跌至41,837人，也是2002年（58,442人）以来的最低点。2017年，非学历教育国际学生数量达到近年来最高点，为49,988人，占比6.28%，此后也逐年下滑；2021年大幅下跌至13,590人，同样是2002年（23,518人）以来的最低点。2023年中小学教育、语言课程和非学历教育国际学生数量大幅度回升，语言课程领域甚至超过2019年的水平，这说明澳大利亚国际教育结构正处于震荡调整期，中小学教育、语言课程和非学历教育等领域容易受到国际局势和留学政策等外部因素的冲击。

整体来看，澳大利亚高等教育与职业教育领域仍然吸引最大数量的国际学生，体现出澳大利亚高等教育和职业教育的较高水准。2019年，这两个领域的国际学生共计722,243人，占比75.84%；2020年、2021年和2022年，由于中小学教育、

表2　2016—2023年澳大利亚中小学教育、语言课程和非学历教育国际学生数量
（单位：人）

年份	2016	2017	2018	2019	2020	2021	2022	2023
中小学教育	23,246	25,645	26,710	25,462	20,073	13,027	11,737	15,883
语言课程	149,116	154,002	154,641	156,455	104,773	41,837	79,378	161,591
非学历教育	44,050	49,988	49,852	48,219	32,329	13,590	20,108	32,261

（数据来源：澳大利亚教育部官网）

语言课程和非学历教育等领域的国际学生数量急剧下跌，这两个领域的国际学生比例更是高达82.14%、90.44%和85.02%，2023年才回落至78.49%。由此可见，高等教育与职业教育领域的国际学生规模对澳大利亚国际教育发展起决定性的作用，主导着国际教育发展的趋势和方向。面对国际留学市场的竞争与挑战，澳大利亚需要开拓新兴领域，在保持高等教育和职业教育高吸引力的同时，培育新的增长点，争取国际教育各领域的平衡发展，实现国际教育生源多元化。

　　国际教育还包括澳大利亚学生通过交流计划、攻读学位、短期项目、研究实习等来获取海外体验，澳大利亚学生留学国外也是国际教育发展的重要组成部分。由于澳大利亚教育资源有比较优势，澳大利亚在国际教育市场上是重要的留学目的国，其教育国际化以单向为主，重点接受来自国外的留学生赴澳学习，而国内学生的教育国际化程度总体偏低（时晨晨，2018）。因此，澳大利亚从2014年开始实行新科伦坡计划（New Colombo Plan），教育机构同印度洋地区、太平洋地区乃至世界各国开展教育交流与合作，设立奖学金，通过交换计划选派学生出国留学或实习。以高等教育为例，澳大利亚高校留学国外学生数量逐年上涨，2016年为44,035人，2017年为49,263人，2018年为52,171人；2019年则达到58,058人，排名前五的留学目的国分别为中国（8,567人，占14.76%）、美国（5,212人，占8.98%）、英国（4,622人，占7.96%）、意大利（2,343人，占4.04%）和日本（2,289人，占3.94%）；其中11,660名留学国外学生受到新科伦坡计划的奖励和资助，占比20.08%。[①]澳大利亚受资助学生和自费学生赴国外学习，增长知识，扩大视野，成长为世界公民，推动国际教育发展。

3　中澳教育合作状况

3.1　中国学生赴澳大利亚留学

　　中澳两国自1972年12月建交以来，教育交流与合作起步较早，但初期规模较小，发展比较缓慢，赴澳留学以国家或单位出资公派为主；进入21世纪以来，中

---

① 资料来源于澳大利亚教育部官网（读取日期：2024年3月6日）。

国学生赴澳大利亚留学进入发展快车道，演变为以自费为主、公费为辅的新格局（宋楠，2016）。澳大利亚国际教育发展迅速，在教学质量、环境文化、留学费用、移民就业政策和安全因素等方面有明显优势，吸引大量中国学生赴澳大利亚留学深造。自2002年以来，中国一直位居澳大利亚国际教育生源国首位，是澳大利亚最大的留学生市场（包括注册数量与新生数量）；近年来，澳大利亚是中国学生第二大留学目的国，仅次于美国。

统计数据显示，2002—2010年，澳大利亚中国留学生注册数量逐年快速增长；受金融危机影响，2011—2013年，中国留学生数量出现短暂下滑；2014年起又恢复高速增长，2015—2018年连续4年增长率为两位数，2017年增长率高达17.87%。[①]

如图3所示，2019年，中国留学生数量达到最高值，为260,064人，占国际学生总量的27.31%，但增长率放缓至1.94%，且新生数量仅为124,480人，已经开始下滑，降幅为3.56%。

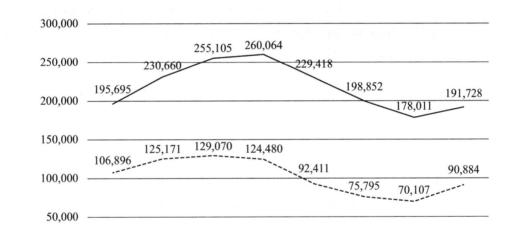

	2016年	2017年	2018年	2019年	2020年	2021年	2022年	2023年
注册数量	195,695	230,660	255,105	260,064	229,418	198,852	178,011	191,728
新生数量	106,896	125,171	129,070	124,480	92,411	75,795	70,107	90,884

图3　2016—2023年澳大利亚中国留学生数量（单位：人）

（数据来源：澳大利亚教育部官网）

受中澳关系持续走低和疫情影响，中国留学生注册数量在2020年（229,418人）、2021年（198,852人）和2022年（178,011人）呈现断崖式下跌，降幅分别达到11.78%、13.32%和10.48%，2023年才缓慢回升至191,728人，增幅为7.71%，但仍低于2016年的水平。新生数量在2020年（92,411人）、2021年（75,795人）和

---

① 资料来源于澳大利亚教育部官网（读取日期：2024年5月22日）。

2022年（70,107人）降幅更是分别达到25.76%、17.98%和7.50%，跌至2013年的水平；2023年则快速回升至90,884人，增幅为29.64%，仍然低于2016年的水平，但中国仍是澳大利亚最大的国际学生来源国。

从国际教育各领域来看，如图4所示，澳大利亚高等教育吸引了最大数量的中国留学生，其次是职业教育和语言课程，中小学教育和非学历教育占比最小。非学历教育留学生2018年起连续5年下降，中小学教育和语言课程留学生2019年起连续4年下降，高等教育和职业教育留学生2020年起趋于下滑，但下降幅度较小。2019年，中国留学生在高等教育领域共计164,371人，在职业教育领域共计23,614人，均为历史最高点；2022年，中国留学生在高等教育领域共计140,769人，较2019年下降14.36%，在职业教育领域共计15,390人，较2019年下降34.83%，但下降幅度远小于中小学教育（4,084人，较2019年下降65.83%，2002年9,622人以来的最低点）、语言课程（11,902人，较2019年下降71.71%，2002年14,597人以来的最低点）和非学历教育（5,866人，较2019年下降67.51%，2014年8,143人以来的最低点）领域。2023年，国际教育各领域的中国留学生数量缓慢回升，但增幅并不明显，距离各领域历史最高点还有较大差距。

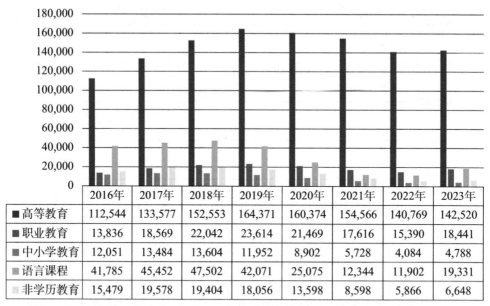

	2016年	2017年	2018年	2019年	2020年	2021年	2022年	2023年
■高等教育	112,544	133,577	152,553	164,371	160,374	154,566	140,769	142,520
■职业教育	13,836	18,569	22,042	23,614	21,469	17,616	15,390	18,441
■中小学教育	12,051	13,484	13,604	11,952	8,902	5,728	4,084	4,788
■语言课程	41,785	45,452	47,502	42,071	25,075	12,344	11,902	19,331
■非学历教育	15,479	19,578	19,404	18,056	13,598	8,598	5,866	6,648

图4　2016—2023年澳大利亚国际教育各领域中国留学生数量（单位：人）
（数据来源：澳大利亚教育部官网）

现今，澳大利亚大部分高等学校认可中国高考成绩，包括澳大利亚国立大学、悉尼大学、新南威尔士大学等"八校联盟"院校在内，共有20多所大学接受中国学生用高考成绩申请就读。因此，澳大利亚高质量的高等教育和职业教育（尤其是高等教育）对中国留学生具有较大的吸引力，使其生源较为集中：2019年，中国留学生在澳大利亚高等教育领域占比63.20%，占高等教育国际学生总量37.28%；2020年，在高等教育领域占比69.90%，占国际学生总量的38.33%；2021年，在高等教育领域占比77.73%，占国际学生总量的42.27%；2022年，在高等教育领域占比79.08%，占国际学生总量的39.10%；2023年，在高等教育领域占比74.33%，占国际学生总量的32.58%——中国留学生占比远超印度（2019年20.47%；2020年18.20%；2021年15.37%，2022年15.22%，2023年19.33%），而其他国家占比均不足10%。[①] 同时，近年来中国留学生对澳大利亚中小学教育、语言课程和非学历教育的选择呈逐年下降趋势，调整幅度较大，且下滑趋势在疫情发生以前就已经开始显现；2023年，上述领域的中国留学生数量开始回升，但增长幅度较小（如图4所示）。

中国留学生为澳大利亚国际教育带来巨额利润，带动教育和其他相关行业发展，为澳大利亚经济发展做出重要贡献。据统计，2020年中国留学生人均生活费用支出为每天112澳元，高于国际学生每天89澳元的平均水平；学费支出为每天103澳元，也高于国际学生每天84澳元的平均水平；只有12%的中国学生半工半读，远低于国际学生52%的平均水平。[②] 如图5所示，2016—2018年中国留学生在澳大利亚的总支出快速增长，年均增长速度超过20%；2019年达到近年来最高的125.40亿澳元。

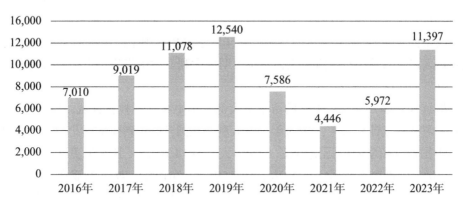

图5　2016—2023年澳大利亚中国留学生支出费用（单位：百万澳元）
（数据来源：澳大利亚教育部官网）

随着中澳关系持续走低，中国留学生数量大幅下降；而由于疫情影响，大部分中国留学生因旅行限制无法入境澳大利亚，导致学费支出以及相应的生活费用支出

---

① 资料来源于澳大利亚教育部官网（读取日期：2024年5月22日）。
② 资料来源于澳大利亚教育部官网（读取日期：2024年6月1日）。

骤减，2020年，中国留学生在澳大利亚的总支出跌至75.86亿澳元，降幅为39.51%，2021年则断崖式下跌至44.46亿澳元，降幅为41.39%，甚至低于2016年的水平，只有2019年最高点的35.45%，严重影响澳大利亚国际教育收入水平。2022年，中国留学生数量尚处于下降趋势，但中国留学生支出费用已经止跌回升，增至59.72亿澳元；2023年随着留学生数量的回升，留学费用支出则大幅增长至113.97亿澳元，这也表明中国学生平均留学费用和整体留学费用都快速增长，是澳大利亚国际教育产业的重要支柱。

3.2 澳大利亚学生来华留学

澳大利亚学生来华留学也是中澳教育合作的重要组成部分。相较中国学生赴澳大利亚留学的规模，澳大利亚学生来华留学的规模则非常小。据统计，2018年共有来自196个国家和地区的492,185名各类留学生（超过60,000名获中国政府奖学金）在31个省（自治区、直辖市）的1,004所高等院校学习，比2017年增加3,013人，涨幅为0.62%。按洲别统计：亚洲学生总数为295,043人，占59.95%；非洲学生总数为81,562人，占16.57%；欧洲学生总数为73,618人，占14.96%；美洲学生总数为35,733人，占7.26%；大洋洲学生总数为6,229人，仅占1.27%；而按国别统计，排名前15位的国家分别是：韩国（50,600人）、泰国（28,608人）、巴基斯坦（28,023人）、印度（23,198人）、美国（20,996人）、俄罗斯（19,239人）、印度尼西亚（15,050人）、老挝（14,645人）、日本（14,230人）、哈萨克斯坦（11,784人）、越南（11,299人）、孟加拉国（10,735人）、法国（10,695人）、蒙古国（10,158人）以及马来西亚（9,479人）。[①]澳大利亚来华留学生数量则未能进入前15位，这与澳大利亚人口总数较小有一定关系，但也表明澳大利亚学生来华留学还有很大的潜力待挖掘。

据统计，澳大利亚在中国的留学生大部分集中在高等教育领域，以短期项目、研究实习和交流计划为主：2018年，澳大利亚在国外高校留学的学生总数为52,171人，中国位居留学目的国的首位（7,376人，占14.14%），其次为美国（5,268人，占10.10%），再次为英国（3,959人，占7.59%）；2019年，澳大利亚在国外高校留学的学生总数达58,058人，涨幅为11.28%，中国仍居留学目的国的首位（8,567人，占14.76%，增长16.15%），美国（5,212人，占8.98%，下降1.06%）和英国（4,622人，占7.96%，增长16.75%）紧随其后。[②]新冠疫情期间，随着中澳关系持续紧张以及相对严格的边境政策，澳大利亚学生来华留学受到较为严重的影响，留学生数量也大幅下降。

---

① 资料来源于中华人民共和国教育部官网（读取日期：2024年3月6日）。

② 资料来源于澳大利亚教育部官网（读取日期：2024年3月6日）。

4 中澳教育合作机遇与挑战

4.1 中澳教育合作机遇

近年来，中澳双边关系波折不断，时有摩擦，但双边贸易发展较为迅速。2009年起，中国成为澳大利亚第一大贸易伙伴，其后，中澳贸易一直保持快速增长。2023年，中澳双边贸易额达到创纪录的3,269.38亿澳元，其中澳大利亚对华出口2,188.01亿澳元（占总出口6,710.77亿澳元的32.60%），自华进口1,081.37亿澳元（占总进口5,267.68亿澳元的20.53%），对华贸易顺差1,106.64亿澳元，占澳大利亚对外贸易顺差总额（1,443.09亿澳元）的76.69%。[①]中国是世界上最大的国际学生来源市场，澳大利亚是中国学生第二大留学目的国；2002年以来，中国连续多年保持澳大利亚最大的国际学生来源国地位，占澳大利亚教育出口的较大比重，中国留学生对澳大利亚国际教育发展具有关键性的影响。2019年，澳大利亚国际教育出口为398.58亿澳元，对华教育出口达125.40亿澳元，占比31.46%，排名第一位；2023年，澳大利亚国际教育出口为476.33亿澳元，对华教育出口达113.97亿澳元，占比23.93%，比重有所下滑，但排名仍居第一位。[②]因此，教育出口是澳大利亚对华出口的重要组成部分，也是澳大利亚对华贸易顺差的重要来源。

2018年以来，中澳双边关系持续走低，再加上新冠疫情的严重影响，中国留学生数量急剧下降，但仍位居澳大利亚国际教育生源国家首位。澳大利亚教育机构（特别是大学）的研究经费主要来自学费，尤其是国际学生的学费，导致大学对国际教育的经济依存度越来越高。澳大利亚也在努力争取国际教育发展的多元化，极力降低对中国学生市场的依赖，积极开拓中国之外的新兴留学市场，如东南亚和拉丁美洲国家，但其短期内难以找到数量如此庞大的留学生群体，其他生源国家无法弥补中国学生流失所带来的教育出口额下滑。随着新冠疫情趋于结束，边境政策逐步放开，澳大利亚各级各类教育机构热切盼望中国留学生回归。同时，中国国内优质教育资源的供需矛盾依然存在，出国留学仍是大量中国学生继续学业的重要途径，而澳大利亚因其高质量的教育、官方语言为英语的特点、邻近亚太地区的地理位置等优势，受到中国学生的青睐，中澳教育合作仍蕴含着大量的发展机遇，中国学生赴澳大利亚留学止跌回升，有可能恢复至新冠疫情前的水平，进而再一次高速增长。

4.2 中澳教育合作面临的挑战

中澳双边关系的持续紧张为两国教育合作带来重大挑战。自2018年澳大利亚

---

① 资料来源于澳大利亚统计局官网（读取日期：2024年6月1日）。
② 资料来源于澳大利亚教育部官网（读取日期：2024年6月1日）。

禁止中国企业华为进入其5G网络市场以来，澳大利亚越来越把中国视为威胁，导致中澳关系持续走低。莫里森政府屡次对华发出敌对性声音，在诸多重大问题上对中国立场提出恶意批评，中澳双边关系陷入僵局。日益恶化的中澳关系也给两国教育合作带来重大影响，中国教育部于2020年6月和2021年2月两次针对澳大利亚发布第1号留学预警信息，[①]提醒广大留学人员，充分做好安全风险评估，谨慎选择赴澳或返澳学习，这影响了中国学生留学澳大利亚的选择。阿尔巴尼斯政府上台以后，中澳双方开始"破冰"，双边关系企稳回暖，但仍存在分歧甚至争议。"美英澳三边安全伙伴关系"（AUKUS）对中澳关系更是一项大的挑战。另外，澳大利亚住房危机日益严重，澳大利亚政府在2024—2025新财年预算中，有计划地削减移民数量，收紧学生签证，制定高等教育国际学生限额，[②]这也对刚刚有所起色的中国学生赴澳留学市场产生不利影响。

新冠疫情是阻碍中澳教育交流的另一个重要因素。随着疫情的暴发，2020年2月，澳大利亚禁止从中国（不包括港澳台地区）前来的非澳籍公民和永久居民旅客入境；2020年3月，澳大利亚正式启动边境关闭政策，禁止所有非公民或永久居民身份的旅客入境。大批中国留学生因旅行禁令而无法入境澳大利亚，被迫选择通过网课学习或者暂停学业，仅有少数学生冒着风险从第三国重返校园。2020年国境关闭以来的近两年间，澳大利亚政府曾多次尝试重开边境，但因疫情蔓延均未成功；直到2021年底至2022年初，澳大利亚才重新开放国境。2021年12月，澳大利亚向除了澳籍公民和永久居民以外的"完全接种疫苗"的留学生、打工度假者等临时签证持有者开放边境；2022年2月，澳大利亚向所有"完全接种疫苗"的国际旅客（包括游客）开放边境。包括中国留学生在内的大批国际学生在边境开放以后重返澳大利亚，回到校园；但中国留学生数量增长缓慢，低于预期，距离疫情前的水平仍有较大差距，新冠疫情对中澳教育交流的深层次影响还需要继续观察。

4.3 中澳教育合作应对措施

中澳双方应务实合作，管控分歧，推动双边关系向前发展，促进中澳教育交流。澳大利亚阿尔巴尼斯政府于2022年5月上台后调整对华政策，中澳双方在多领域重启对话沟通，逐步取消贸易限制，开展高层次对话。2022年12月，澳大利亚外交部长黄英贤在中澳建交50周年之际应邀来华访问。2023年11月，阿尔巴尼斯总理访华，成功重启中澳总理年度会晤。2024年是中澳建立全面战略伙伴关系10周年，李强总理于2024年6月15—18日对澳大利亚进行正式访问，同阿尔巴尼斯总理举行第九轮中澳总理年度会晤。中澳关系重回健康发展轨道，全面走上正轨。

---

① 资料来源于中华人民共和国教育部官网（读取日期：2024年3月6日）。

② 资料来源于澳大利亚财政部官网（读取日期：2024年6月6日）。

"国之交在于民相亲",中国不仅是澳大利亚最大的国际学生来源国,中澳两国在科研与创新等领域的合作也硕果累累。中澳教育合作与交流可以带动澳大利亚教育及其他相关行业发展,对中澳关系的健康发展影响深远,是推动中澳关系前进的重要驱动力。

中澳各级各类教育机构以及教育领域的专家、学者和官员也从两国的国家利益出发,呼吁澳大利亚政府改善对华关系,推动中澳教育合作。中国是澳大利亚国际教育出口的主力军,但澳大利亚并非中国留学生的唯一选择;如果放弃留学澳大利亚,中国学生还可以选择加拿大、新西兰、日本、英国、其他欧洲国家等。澳大利亚不断炒作"过分依赖中国留学生"这个话题,并不能解决其教育机构科研经费的巨大缺口;如果流失较多中国留学生,对澳大利亚国际教育乃至整个澳大利亚教育产业造成的影响恐将持续数年。为了吸引并留住中国留学生,澳大利亚大学联盟和各高校纷纷出台不同的激励措施,但仍需要联邦政府和各州政府在政策上的配合,而澳大利亚教育部也顺势出台《澳大利亚国际教育战略(2021—2030年)》,着重强调多元化和以学生为中心的理念,以期在下一个十年重振其国际教育产业。

5 结语

澳大利亚是拥有优质教育资源的国家,在学前教育、中小学教育和高等教育等各个阶段都有成熟而完善的教育体系。澳大利亚国际教育经历了快速发展时期,但近年来,澳大利亚国际教育发展和中澳教育合作处于震荡调整期,国际学生数量和国际教育收入在急剧下降后又迅速回升,面临国际市场竞争、世界经济疲软、新冠疫情暴发以及中澳双边关系等多重因素的挑战。多年来,中国一直是澳大利亚最大的国际学生来源国,中澳教育合作与交流是推动中澳关系前进的重要驱动力。当前,中澳教育合作机遇和挑战并存,《澳大利亚国际教育战略(2021—2030年)》的出台也有助于促进澳大利亚国际教育发展以及中澳教育交流与合作。

可以预见,世界各国的国际教育产业均会受到国际局势和突发事件的影响,中澳两国的国际教育发展也难以置身事外。现今,中澳双方应摒弃分歧,开展合作,共同应对挑战,在保持国际教育高质量发展的同时培育新的增长点,充分利用高新科学技术开拓新兴市场,以更可持续的方式重塑国际教育乃至整个教育行业的面貌。新冠疫情结束后,世界各国重启边境,国际教育产业重新得以蓬勃发展;在后疫情时代,中澳双边关系企稳回暖,中澳两国教育合作与交流仍有很大潜力。我们期待中澳双方求同存异,携手共进,排除一切干扰,使得中澳教育交流与合作重整行装再出发,共同推动澳大利亚国际教育的发展。

参考文献

陈弘，程可珺，2016.澳大利亚高等教育国际化研究[A]// 澳大利亚发展报告（2015—2016）.孙有中，韩锋，李建军，编.北京：社会科学文献出版社.

胡丹，文馨，2021.2019—2020年澳大利亚对华教育出口分析与展望[A]// 澳大利亚发展报告（2019—2020）.孙有中，韩锋，编.北京：社会科学文献出版社.

马娜，董丽丽，2020.澳大利亚国际教育战略及其启示[J].世界教育信息（5）：29-33+42.

时晨晨，2018.澳大利亚"新科伦坡计划"政策及其实施效果探析[J].郑州师范教育（1）：30-36.

宋楠，2016.改革开放以来中澳高等教育交流趋势回顾与分析[J].荆楚理工学院学报（1）：63-70.

张欣亮，王昀，2023.《澳大利亚国际教育战略（2021—2030）》及其对后疫情时代国际教育的启示[J].教育与教学研究（1）：107-118.

作者简介

马乃强，北京大学外国语学院英语系副教授，北京大学新西兰中心主任。主要研究领域：大学英语教学、南太平洋国家高等教育。电子邮箱：manaiqiang@pku.edu.cn。

（责任编辑：窦薇）

澳大利亚大学的"中国学"的教育作用

梅卓琳　　陈慧

摘　要： 澳大利亚大学的"中国学"是根据该国的地理环境和区域战略所需而发展起来的，并以教育和培训为主导。澳大利亚的中国学最初秉承的是英国和欧洲汉学传统，但其随后发展变迁，逐渐与前两者产生差异。尽管如此，澳大利亚中国学奠基人的基本学术理念表明，他们从一开始就致力于促进对中国独特的文化和传统的了解与教育，由此，这些先辈们创造了一个值得被重视和被维护的教育和学术研究派别。

关键词： 澳大利亚高等教育；亚洲语言；澳大利亚大学；澳大利亚历史；亚洲研究；中国学

The Educational Role of Chinese Studies in Australian Universities

Jocelyn Chey and Shirley Chan

Abstract: Chinese Studies in Australia has developed in line with the geographical and strategic imperatives of the nation. It has therefore always been oriented towards education and training, and it is in this respect that it fundamentally differs from Chinese Studies in Britain and Europe, even though historically it developed from this foundation. Indeed, a proper appreciation of the underlying scholarly principles of the founding fathers of Chinese Studies in Australia demonstrates that from the outset they were dedicated to the promotion of education and understanding of different cultures and traditions. They engendered a remarkable new antipodean school of research and teaching that should be valued and maintained.

Keywords: Australian higher education; Asian languages; Australian universities; Australian history; Asian Studies; Chinese Studies

　　自20世纪中叶首次被引入澳大利亚以来，澳大利亚的"中国学"可被视为一种殖民现象。所谓"殖民"是指英国的殖民遗产、欧洲传统对该国政治和社会经济体系的影响、澳大利亚与美国和中国等其他国家的关系以及从英国传统继承下来的大学制度，甚至包括至20世纪70年代才正式废除的、具有负面作用的白澳政策。这些因素都影响了中国学的建构和设立。这些影响有的随着时间推移而减弱，有的则有所增强，但都持续影响着中澳关系以及澳大利亚大学的中国研究。

1 "中国学"如何在悉尼开始

悉尼大学（University of Sydney）成立于1850年，是澳大利亚最古老的大学，也是第一所引进东方学和中国学的大学；第一任教席分别于1918年和1948年设立。悉尼大学借鉴了受牛津和剑桥影响的英国高等教育实践，其课程模式是从爱丁堡和伦敦到都柏林的多所大学的混合体。悉尼的建筑带有牛津和剑桥的痕迹，其拉丁文格言 Sidere mens eadem mutato（繁星纵变，智慧永恒）强调了对英国传统的传承（Davis，2013）。这所大学以其自主性、专业性、综合性、世俗性、公立性和通勤性（autonomous, professional, comprehensive, secular, public and commuter），成为后来所有澳大利亚高等教育机构的典范。

迄今，澳大利亚共有43所大学，包括36所公立大学（即国家资助的大学）、4所私立大学和3所国际私立大学。第一所私立大学邦德大学成立于1987年。此前霍克工党政府对高等教育部门进行了广泛的改革，同时整合了几所大专院校，升级其为大学。尽管有些校区有住宿学院，但大多数学生仍在家和学校间通勤，并在完成本科学位后从事各种专业工作。自19世纪后期开始，当研究成为大学使命的既定部分时，澳大利亚采用了英国的大学概念，从最初专注于教学到逐渐关注研究对于建立和传播知识的重要性，研究最终成为所有大学的重要任务。高等教育应该服务于什么目的？大学及其学者和政策制定者如何使知识学科造福于社区、学生和国家？这些一直是澳大利亚各个高等教育机构所要面对的问题。

悉尼大学是第一所开设东方学的大学。彼时，欧洲的汉学传统在澳大利亚的大学的影响即可窥一斑。在传统的欧洲古典研究训练下，悉尼早期几乎所有的东方学教授均是博览古今、通文达艺的学者，他们在英国接受教育，在历史、古典和现代文学、艺术、语言学、考古学等方面均有研究（Chan，2019）。事实上，西方传统概念的汉学或中国学的确是学科丰富，研究领域几乎包括一切有关中国的学问，例如语言、文学、哲学、历史、地理等，这与中国的中文系的概念不一样（何丙郁，2006）。

东方学于1918年成立于悉尼大学，前两位教授均是来自英国的日本学教授。第一位是詹姆斯·默多克（James Murdoch）教授（1856—1921），他也是澳大利亚第一位东方学教授。除日语之外，他还教授汉语。默多克于1875年就读于阿伯丁大学，并于1879年以一级荣誉文学硕士毕业。第二位是阿瑟·林赛·萨德勒

（Arthur Lindsay Sadler）教授（1882—1970），他硕士毕业于牛津大学，从 1922 年开始接替默多克，直到 1947 年退休。萨德勒最初研究的是希伯来语和亚述语，之后他学习了日本历史、古典文学和现代文学的广泛知识。在悉尼大学东方学系，他自己设计并教授大部分的课程。

悉尼大学中国学系的第一任系主任教席于 1948 年设立。同年 11 月，伦敦大学远东语言专业的年轻毕业生约翰·肯尼迪·莱德奥特（John Kennedy Rideout）到任。他是中国古典文学的专家。只可惜，莱德奥特仅在一年后就辞职了，理由是大学缺乏图书资料和其他资源，这使他无法保持其前任默多克建立的高标准教学和研究。他从悉尼搬到香港大学，但几个月后不幸溺水身亡，年仅 36 岁。

东方学系因第二次世界大战长期停摆。悉尼大学遴选委员会于 1955 年任命剑桥大学毕业的戴维斯（A. R. [Bertie] Davis）教授（1924—1983）担任东方学系的新任主任。戴维斯比莱德奥特更年轻。他的推荐人——著名英国汉学家亚瑟·克里斯多夫·莫尔（Arthur Christopher Moule）教授（1873—1957）和亚瑟·韦利（Arthur Waley）教授（1889—1966）如此描述戴维斯："他是东方学研究领域年轻一代中最有才华和最有前途的学者之一。"与莱德奥特一样，戴维斯在战争期间曾在英国战争办公室工作，大部分时间都在布莱切利公园从事情报工作，然后在战后返回剑桥完成学位并开始教学生涯。

戴维斯致力于传承剑桥大学式的高标准教育，并以他年轻的活力和热情重振悉尼大学的东方学系——该系当时已停办了 6 年。近 30 年后，即在戴维斯于 20 世纪 80 年代初去世前夕，该系在他的领导下发展成了一个蓬勃发展的专门研究中国和日本的语言、文学和历史的权威性学术院系。关于"中国学"应该为学生提供什么？戴维斯在他与大学教务处的通信中清楚地表达了他的观点：

> 毫无疑问，大学的中文课程需要大量的古典的文言文教学——尽管该课程的重点主要针对现代中国和现代汉语。只用现代汉语教学只能产生实践训练，这并不符合大学标准，这是欧洲大学的普遍观点，我相信文学院会赞同这一观点。（Penny，2014）

戴维斯本人就是他认为大学所应该培养的那种学者的典范——具有广泛的兴趣和广博的知识。此外，他于 1956 年创立了澳大利亚东方学会并担任学会主席多年（见下文）。同年，他作为澳大利亚学者代表团的一员访问了中华人民共和国，但他对当代中国研究学科不感兴趣。在任职的最初十年左右，戴维斯专注于古典文学教学，直到 20 世纪 60 年代中期，他才通过课程调整把当代汉语纳入教学大纲。他对教学人员的任命也反映出他的主要兴趣在经典古籍。戴维斯招聘的第一个教员是刘渭平（1915—2003），他让后者担任该系的讲师，在很长一段时间，两人组成了整个教学和管理团队。刘渭平是该系唯一会说汉语的人,他出身书香门第,受过深厚的中国古典文学和历史教育(Liu,2002)。在悉尼大学,刘渭平负责编写本科语言和文学课本,并负责古典语法和文学的教学——当时的课程设计并没有要求学生完成课程后学会说中文。刘渭平曾在中华民国时期任驻珀斯外交代表,在职期间,他完成了硕士和博士学位。

2 其他州和地区的中国学

1950年,在戴维斯被任命到悉尼前几年,堪培拉的澳大利亚国立大学(ANU)招聘了英国历史学家和作家费子智(C. P. Fitzgerald)作为远东历史讲师。毕业于伦敦大学东方学院的费子智在中国生活了二十多年,于二战期间回到英国,当时他和戴维斯一样在布莱切利园(Bletchley Park)工作。二战后他回到中国,于1946—1950年在英国文化教育协会(British Council)工作。他曾在1949年亲历了中国人民解放军解放北京。1954年,澳大利亚国立大学任命他为远东历史教授。20世纪50年代,费子智是澳大利亚中国事务的主要评论员。他通过在考古学、哲学和历史方面的新任命扩大了该系的研究重点(何丙郁,2006)。

费子智的一名"新将"是王赓武博士(1930—),他是马来亚大学讲师,在伦敦大学亚非学院(SOAS)获得中国历史博士学位。王赓武于1968年调任澳大利亚国立大学远东历史教授,并在该校任职近20年,成为太平洋与亚洲研究学院院长,于1986年被任命为香港大学校长。他撰写了大量关于中国当代和国际关系历史以及中国侨民角色的文章,还是社会科学领域年轻研究人员的大力支持者。王赓武于2020年获"唐奖汉学奖",至今仍是澳大利亚国立大学名誉教授。[①]

20世纪50年代,堪培拉的中国学汉语本科教学并非由澳大利亚国立大学提供,而是来自堪培拉大学学院,该学院当时隶属于墨尔本大学。澳大利亚国立大学的汉语教学始于著名瑞典语言学家和文学历史学家马悦然(Goran Malmqvist)博士(1924—2019)。马悦然在1953年被任命为瑞典驻华大使馆文化参赞之前,曾在伦敦大学担任中文讲师。1958年,他移居澳大利亚国立大学,任大学学院讲师,该学院于1960年并入澳大利亚国立大学通识教育学院,而马悦然则在次年被任命为中国学教授。1965年马悦然回到斯德哥尔摩后,他的职位由曾任中国香港罗富国教育学院(Northcote College of Education)讲师的柳存仁(Liu Ts'un-yan)博士(1917—2009)继任。柳存仁在1962年到澳大利亚国立大学担任讲师之前,在伦敦大学亚非学院完成博士学位。

柳存仁是一位典型的传统汉学家,谙熟中国文学,包括文言文和白话文,通晓

---

① 资料来源于唐奖官网(读取日期:2023年8月11日)。

中文普通话、粤语和上海话。马悦然的研究兴趣是语言学，而柳存仁则专注于古典文学。柳存仁于1983年退休，退休时获得了院士荣衔和名誉博士的殊荣。① 柳存仁在1966年10月5日的教授就职讲话中，表露出他对中国学深刻广阔的人文主义视野：

> 作为西方文明的产物，现代大学起源于中世纪的欧洲教会教育。它的目标是培养一个全能的人，而不是进行技术和专业培训……在人文学科中，我们仍然尊重这一伟大传统。这正是出自《论语》的"君子不器"的意思。也就是说，一个有道德的学者不只是把自己当作一个工具。

> 学习汉语的学生看似是在把中文当作是工具来学习，实际上语言仅仅是在某种意义上的一种工具，通过它我们可以在更广泛的领域进行更高层次的研究。仅仅对语言的了解实际上并不能构成对该语言的真正理解。为了理解用中文表达的感情，必须至少熟悉许多用中文写成的一些丰富的文学和哲学著作……我们不应仅仅是关心一种语言和一种文学，而是通过学习这种语言和文学，我们对我们正在研究的语言和文学里的人有更持久、更深刻、因此而更密切，甚至是更富有同情心的理解。②

几乎是同时期，墨尔本大学开设了澳大利亚的第三个中国学本科课程。对日本文化特别感兴趣的著名墨尔本商人肯·迈尔（Ken Myer）于1959年成立了迈尔基金会以鼓励对东亚文化的学习和研究，并资助墨尔本大学购置了一座大楼，建立了一个新的东方学系。哈里·西蒙（Harry Simon）教授（1923—2019）曾在伦敦大学担任汉语讲师，其父沃尔特·西蒙（Walter Simon）也曾在柏林大学讲授汉语。西蒙曾在成都学习古典诗词一年，并于1949年12月在那里目睹解放军解放成都。在伦敦工作了十年后，他于1961年被任命为墨尔本大学东方学创始教授。此时，他开始专注于语言学，并以他在20世纪50年代为英国贸易代表团担任官方翻译的经验为基础，发表了关于现代汉语句子结构和口语的论文。他的教学计划仿效伦敦大学亚非学院的模式，包括介绍古典和现代汉语的基础课程，接着又于1965年在墨尔本大学增设日语课程。在任期间，西蒙致力于建立东方学的教学和研究，后来其发展成为教育汉语和日语的东亚研究。在20世纪70年代，西蒙担任文学院院长直至1988年退休，在此期间他对墨尔本大学的东亚收藏给予了很大支持。③

---

① 资料来源于澳大利亚人文科学院官网（读取日期：2023年8月11日）。
② 资料来源于澳大利亚国立大学中国遗产项目（读取日期：2023年8月11日）。
③ 资料来源于墨尔本大学图书馆（读取日期：2023年8月11日）。该馆于2009年收到了哈里·西蒙教授的收藏。根据该图书馆的官网资料显示，收藏包括19世纪80年代至20世纪80年代出版的大约1,030本古典汉语书籍和西蒙其他的私人研究收藏。

　　人们也许以为澳大利亚的中国学和日本学类似于欧洲和美洲，早期其得以发展源于20世纪初各国之间的战争和冲突。年轻学者在战争和战后期间从事语言研究并担任口译员，之后继续他们的东亚语言、文学和历史的学术生涯。甚至在此之前，在东方学中，战争与学术之间也似乎存在类似的联系。中国学（在当时更多地被称为"汉学"）在1899—1900年义和团运动后在英国发展起来。例如，李约瑟（Joseph Terence Montgomery Needham）对中国科学史的伟大研究是在1942—1946年在重庆担任中国国民党政府顾问之后进行的。戴维斯、西蒙、马悦然和费子智在澳大利亚担任学术职务之前，他们都曾为政府机构工作。在大学系统之外，在澳大利亚国防军的领导下，在维多利亚州库克角开发了一个东亚语言培训项目，表明官方如果不是认可其文化研究基础，至少也认同东亚语言能力的战略重要性。著名的例子是费思棻（Stephen FitzGerald），他是库克角语言学校的一名毕业生，后来开始了他的学术生涯。但需要强调的是，这些学者在特殊的历史背景下接受了对另一个国家的语言文化的训练。我们从这些学者的学术生涯和经历中可见，他们都深深地爱上了中国的文化，其中大部分学者用毕生的精力为中国文化的传承或中澳两国文化的交流作出了不可埋没的贡献，这也是以下篇章所要讨论的重点。

3　汉学传统

　　尽管中国学具有战略性的国际大背景，大学院系的创办人却一直尽量避免政治因素影响到学术研究，坚定地捍卫传统学术的汉学研究。自悉尼大学创办其第一个中国学和东方学课程以来的40年内，一连串杰出的世界级汉学家或中国学学者为澳大利亚的汉学教学和研究建立了国际声誉。除了戴维斯、西蒙、王赓武和柳存仁，竭力主张把中国研究继续以传统汉学模式进行并为之抗辩的其他学者还包括大卫·霍克思（David Hawkes）教授（1923—2009）、约翰·弗罗德沙姆（John Frodsham）教授（1930—2016）、李克曼（Pierre Ryckmans）（1935—2014）、马克林（Colin Mackerras）教授（1939—　）、闵福德（John Minford）教授（1946—　）和白杰明（Geremie Barmé）教授（1954—　）。这些学者都对汉学作出了杰出贡献，在澳大利亚一流大学的中国学专业中发挥了重要作用，并倡导传统教育的价值和大学的真正使命。

　　传统汉学的最初目的是研究和理解另一种文化和另一个民族。类似于现在的中国学，汉学在20世纪从对中国的文字学（语言和文学）的研究和应用扩展到整个学科类似的应用，包括哲学、文化、历史和碑文等。中国是具有悠久历史的文明古国，各国的政府、传教士、学者，乃至所有对中国历史、民族、语言、文学和文化感兴趣的人都在学习和了解中国，特别是对其民族和人民产生了深远影响的儒家经典和中国古典文本（后来包括其他思想和流派，如道教和佛教）。

　　戴维斯、费子智和后人对传统汉学的研究方法的坚定维护是有其充分理由的。根据爱德华·赛义德（Edward Said）在 20 世纪 70 年代后期的说法，东方主义是"强者对弱者的论述"。他认为，"西方学者对中东和亚洲文化的研究动机是为了加强西方在政治、经济和文化上的主导地位。"① 当然，赛义德并没有从字面上解释"东方"和"西方"这两个术语。当我们从澳大利亚的地理位置来考虑他的观点时，更准确地说，"东方"应该是指近北亚和西亚，而不是远东或中东。其次，更重要的是，澳大利亚从未像欧洲、日本和美国那样在亚洲拥有帝国野心或文化前哨。赛义德对东方主义的谴责是基于他对欧洲和美国通过殖民存在来统治亚洲某些地区的分析。他的观点并不绝对适用于（澳大利亚的）东亚研究。

　　在澳大利亚，现代澳大利亚文化凌驾于原住民原有的古老文化之上，其价值观和知识传统源自欧洲移民。尽管当时有大量来自华南的移民，但其对主流语言和文化的影响非常有限。从历史上看，中澳关系的重点是贸易和移民，而不是国防问题。在这方面，中澳关系与日澳关系一直有很大的差别。对于澳大利亚人来说，中国一直是一个有着自己独特地理界限和世界观的国度，中国不能等同于"亚洲""东方文化"或"东方的国家"。对比之下，二战期间，澳大利亚对亚洲的民族意识是通过对日本的观感被激发的。那时，日本试图将其帝国扩展到东南亚并直逼澳大利亚，而中国研究的先驱者就是生长于二战时期的一代人。二战后，随着澳大利亚重建经济并开始接收来自更多不同国家的移民，其国家领导人开始考虑与邻国进行贸易往来，这时恰逢殖民主义的结束以及印度和印度尼西亚等独立民族国家的兴起。可以说，澳大利亚历届政府从来没有打算在其亚洲贸易伙伴中建立"东方主义"式的统治。同样，澳大利亚的大学也从来无意让它们的中国学院系或部门宣扬对其他文化的仇恨或蔑视；相反，它们推崇对不同文化的欣赏和尊重。

　　赛义德在他的开创性著作《东方学》中指出，东方学家将亚洲视为由西方主导的"他者"。但他的这种观点并不被汉学家普遍认同，至少澳大利亚汉学家并不接受他的观点。例如，李克曼认为，应该将中国作为一种本质上具有整体性特征的文明来研究。在他看来，就汉学家而言，中华文明"呈现出一种完全'他者'的不可抗拒的魅力，激发人们对它的热爱，以及对它产生强烈了解的欲望"。换言之，它不是被征服或击败的"他者"。在这个意义上，李克曼拒绝了汉学中东方主义的存在（Coughlan，2008）。

　　李克曼经常以他的笔名西蒙·利斯（Simon Leys）出版著作。他是一位澳大利亚的比利时汉学家，著作包括《论语译注》。他是人文教育的捍卫者，也是现代大学模式的尖锐批评者。他认为，"学术的创造力与管理主义之间的紧张关系致使澳

---

① 资料来源于《纽约书评》官网（读取日期：2023 年 8 月 11 日）。

大利亚和全球的高等教育机构日趋愚昧。"[①] 他坚称，工党政府在1986年引入的高等教育改革使大学在本质上更加以营利为目的，也更加职业化，而高等教育对就业能力和技术技能的新的重视已经改变了大学教育的基本理念。[②] 对李克曼而言，现代大学作为高等教育和研究机构的作用在逐渐消亡，沦落成为"臃肿的职业培训机构"——因为它们只对被学生认为"实用"和"有用"的科目的培训感兴趣，其根本原因是政府和民众都缺乏对大学教育真谛的理解。对此他引用道家庄子的话——"人皆知有用之用，而莫知无用之用也"来强调生活中看似不切实际、实则必不可少的理论。"这种'无用'，"他写道，"正是我们共同人性的所有基本价值赖以存在的基础。"出于同样的理由，他坚定倡导传统汉学或"通才方法"的重要性，认为应该将"中国"作为"多学科人文事业"来研究。[③] 通才方法强调以广泛的文化或历史背景来研究整个中国文明，这与侧重特定研究领域（如经济、政治或语言）的西方"学科/专业方法"不同。[④] 戴维斯教授在他1984年在悉尼大学的题为"寻找爱与真理"（In Search of Love and Truth）的演讲中很好地总结了欧洲通才学习传统应用于汉学的案例：

> 赋予其他文化以生命的前提肯定是对自己文化有深厚的了解和信仰。对于无神论者（没有信仰的人），着手研究另一个民族的宗教是没有意义的。中国和日本的现代文化混合了大量西方元素的文化，因此即使在技术层面上，我们也需要了解西方和东方。但这或许只是偶然的、片面的，至多关乎"真"而非"爱"。我坚持认为，在我们认真解决"他们"是谁的问题之前，了解"我们"是谁是至关重要的……我本人也意识到，仅仅追求"真理"是不够的，尽管这对认清事实仍然很重要，但对如何"热爱"的要求则很高。（Davis，2006）

自20世纪80年代以来，汉学学者的先辈们在试图捍卫传统的多学科教育时面临着持续的挑战。除了强调技能培训的高等教育改革外，美国当代中国研究的兴起是由冷战思维和"知己知彼"的信念、国内不稳定的政治环境和不断演变的双边关系所推动的。与中国和其他相关国家的关系都在对塑造国家认同以及对中国研究和汉学的建构（解构）方面产生影响（Zurndorfe，1995）。有学者认为，澳大利亚的

---

① 资料来源于中国遗产官网（读取日期：2023年8月20日）。

② 资料来源于中国遗产官网（读取日期：2023年8月20日）。

③ 资料来源于中国遗产官网（读取日期：2023年8月20日）。

④ Frederick Mote还反对中国研究趋势的危险性，他将其描述为"对中国理解的地方化行为"。有关通才方法和专业方法之间辩论的详细信息详见 Coughlan C M J, 2008. The study of China in universities: a comparative case study of Australia and the United Kingdom[M]. New York: Cambria.

情况与 1999 年哈佛大学教授伊丽莎白·佩里（Elizabeth Perry）的预测相近，即"当代中国研究领域更倾向于最新的情报分析和政策制定"（Coughlan, 2008）。戴维斯对这种学术研究的荒谬期望进行了反思，并这样说道：

> 他们（指当代中国研究领域）的研究传统是普遍薄弱的，并且产生的时间多数很晚，这使这些相关的东亚学者面临压力，即既要为自己辩护，还要以他人意想不到的规模和方式作出贡献。例如，相比之下，人们是否曾寄希望于英语或历史、法语或德语的学者们"改变世界或影响人们感知世界的方式"？……更确切地说，就是我们或者会推测这些学者可能对另一个民族的目的和心理如此熟悉，以至他们可以向政治家们提供这样或那样的建议，使他们能够改变另一个国家的政治家的意图。但我认为这只不过是一个大维齐尔（Grand Vizier）的现代幻想。确切地说，我们可以肯定，政治家们自己也不相信能够找到帮助他们获得帝国的哲学顾问的幻想。（Davis, 2006）

另一方面，正如佩里所说，我们很难否认政治环境和政治动机对中国学新知识领域建设的影响（Coughlan, 2008）。关于汉学和现代中国研究各自相对的优点的争论可能始于美国，但区域研究的概念和实践在澳大利亚也很普遍，中国研究学科的形成和发展无疑受到了与中国和亚洲的政治和社会经济关系的影响。在撰写本文时，国际紧张局势仍在持续，直接或间接地影响着这些双边关系，从而影响着学术实践和研究。

4　区域研究与新汉学

在 20 世纪 80 年代初期，中国学或中国研究被提升为"亚洲知识"的一部分，并被认为符合澳大利亚的长期经济和地缘政治利益。在霍克（Bob Hawke）和基廷（Paul Keating）工党政府时期尤其如此，他们将澳大利亚视为亚洲的一部分，并相信该国将受益于与邻国更紧密的贸易和经济关系。然而，当自由党/国家党联盟于 1996 年上台时，新政府与以前对亚洲的热情保持距离，并开始削减或停止对亚洲项目的资助（Coughlan, 2008）。矛盾的是，资金削减的大背景却是澳大利亚和中国之间的贸易和民间关系爆炸性增长。中国研究随后面临新的危机，促使人们重新评估应该如何指导或资助它们。

受区域研究的影响和了解当代中国的需要，中国学出现了新的争论，新的概念被称为"新汉学"。20 世纪末，学者们已经在呼吁解决汉学与学科之间出现的分裂。2018 年接受我国台湾大学石之瑜教授领导的"中国知识计划"项目的采访时，费思棻强调，澳大利亚国立大学当年之所以成为备受推崇的中国学中心，很大程度上是因为它能够汇集所有来自不同的中国研究领域的学者，兼顾古典和现代学科的教学和研究。白杰明和闵福德也是在澳大利亚国立大学倡导新汉学，"强调古典和现代汉语研究的强大学术基础，同时鼓励对各种方法和学科采取普世态度，无论这些方法和学科主要是经验性的还是理论性的。"① 白杰明认为，学生应该同时学习古典汉语和现代汉语以及相应文化，而不是只聚焦其中一种，从而全面建构有关中国的知识体系。

有趣的是，大约在澳大利亚新汉学出现的同时，中国学者也在关注同样的问题，提出了一个类似的概念，他们称之为"汉学"。厦门大学的周宁于2004年发表文章，提出汉学的概念范畴来批判中国研究中的问题和难题（周宁，2004）。澳大利亚学者很少讨论汉学，雷金庆是一个例外，他可能是在1998年第一个使用该术语的人（Hodge et al.，1998）。汉学和新汉学之间有着微妙但重要的区别，尽管两者都与全球中国研究发展的讨论有关，因为本文主要关注澳大利亚的中国研究，我们在这里只讨论后者。

陆克文（Kevin Rudd）对新汉学的通才和人文主义目标和关注点进行了描述，他在澳大利亚国立大学求学时曾是白杰明的学生。2017年，时任美国亚洲协会政策研究所所长的澳大利亚前总理陆克文在上海举行的第七届世界中国学论坛上谈及政客对中国研究的期望：

> 作为一个政治和外交从业者，无论是总理还是外交部部长，我个人认为中国在世界各地的各种合作伙伴的政治领导层需要的是综合分析——部分与整体的关系、过去与未来的关系以及经济与政治和更广泛的中国社会的关系。因此，在保留世界各地汉学各流派的必要专业的同时，我真诚地建议我们有必要建立一个新的流派，我将其概括为"中国综合分析"——而不仅仅是"中国分析"。②

显然，新汉学最好被理解为试图实现区域研究、学科研究和传统汉学之间的融合。陆克文的言论是善意的，但他只能以评论员的身份发言，遗憾的是他对此事的评论跟其他事情一样，在堪培拉没有影响力。这种新汉学的概念方法得到澳大利亚中国研究学者的普遍认可。然而，在实践中，这种方法能否在大学被成功引入或维持，取决于政府机构和大学管理人员的支持程度，他们关注的仍然是就业能力和了解当代中国经济和政治，而不是综合人文主义学术。

---

① 资料来源于中国遗产官网（读取日期：2023年8月20日）。
② 资料来源于亚洲协会官网（读取日期：2023年8月20日）。

5　中国学在社区和学校的推广

澳大利亚的中国学通过一些重要的与大学相关的专业机构扩大影响力，包括澳大利亚中国学协会（CSAA）和前澳大利亚东方学会（OSA）（于2021年更名为亚洲人文学会）。澳大利亚东方学会由戴维斯于1956年以英国皇家亚洲学会为蓝本创立。创会成员参加了1971年在堪培拉举行的国际东方学家大会（于1873年在巴黎成立的最古老的国际亚洲研究学术团体之一）。50多年来，前澳大利亚东方学会每年都会出版其《澳大利亚东方学会杂志》（*JOSA*）。澳大利亚中国学协会成立于1991年，代表人类学、经济学、地理、历史、语言、法律、语言学、政治学、社会学、文学以及中国社会和文化其他方面相关的中国专家。协会每两年召开一次全国会议，并发布与其成员相关的新闻，就澳大利亚的中国语言和文化教学以及研究资金需求向州和联邦政府提供建议，力求影响相关的政府政策。2016年，40所大学开设了22个中国研究项目。一些大学设立了与中国相关的研究中心，专注于当代中国和中澳关系的研究。①孔子学院曾一度提供一些中文课程，但这些课程只占澳大利亚本科中文课程的极小部分。

早在20世纪70年代，随着惠特拉姆政府在亚洲的外交举措，在学校教授中文和其他亚洲语言已经成为澳大利亚政府关注的问题。费思棻和伊丽莎白·德赖斯代尔（Elizabeth Drysdale）、詹姆斯·斯库利（James Scully）、郜若素（Ross Garnaut）和约翰·英格森（John Ingelson）分别在1980年、1986年和1989年发表政策文件，敦促政府增加对亚洲语言和"亚洲知识素养"的资助和推广。②他们的论点主要是功利主义的，反映了这一时期盛行的经济理性主义，这些作者很少关注引入亚洲语言的人文原因或发展社会资本以进一步了解跨文化的必要性。基于同样的理由，陆克文于1994年为澳大利亚政府委员会（COAG）编写了一份题为《亚洲语言和澳大利亚经济未来》的报告。该报告讨论了精通亚洲语言和了解亚洲社会对澳大利亚区域经济利益的重要性（Rudd，1994）。1994年，基廷工党政府通过了澳大利亚学校的全国亚洲语言和研究战略，并以350万美元的预算成立了亚洲教育基金会，为学校的中文和亚洲语言提供了一些推动力。该战略得到了政府和反对党的大力支

---

① 本文作者之一Shirley Chan（陈慧）作为当时CSAA应届主席和主办单位代表倡议2017年在麦考瑞大学举办的双年会开始接受中英文的论文，CSAA会议的参加人数因此大增，是当时历届最成功的会议。2019年，CSAA会议在墨尔本拉筹伯大学举行，有超过200名海内外参会者出席并发表了中英文论文。因为疫情影响，2021年在堪培拉澳大利亚国立大学举行的会议可以在线或现场参加。

② 详见FitzGerald S, Drysdale E, 1980. Asia in Australian education: Report of the committee on Asian studies to the Asian studies Association of Australia[R]. Scully J, 1986. Asian studies council report of the working party[R]. Garnaut R, 1989. Australia and the northeast Asian ascendancy: report to the prime minister and the minister for foreign affairs and trade[R]. Ingelson J, 1989. Asia in Australian higher education: report of the inquiry into the teaching of Asian studies and languages in higher education[R].

持，但在2002年被霍华德政府废除。

在澳大利亚，越来越多的华裔社区在家里说普通话、广东话或其他汉语方言，这促使一些大学引入了分流式语言课程，这样非母语学生就不必与母语人士或有母语背景的人士直接竞争。可是，在过去的十年里，学校里所有外语的教学都萎靡不振。约瑟夫·洛·比安科（Joseph Lo Bianco）在2009年为澳大利亚教育研究委员会提交的一份报告中指出，原因有三：第一，过分强调经济和就业目标；第二，强调提高英语语言标准的政府政策；第三，亚洲语言和欧洲语言与原住民语言各自的主张之间存在紧张关系。[①] 需要注意的是，在汉语教学规模下降的同时，印尼语和日语等其他亚洲语言的教学规模也在下降。《2017外交政策白皮书》中未提及外语的重要性，由此可知政府未能有效在学校或大学推广外语。

澳大利亚六个州和两个领地的学校在汉语、历史和文化教学方面的政策和实践存在相当大的差异。大多数州都设有汉语教师协会，促进与推动公立和私立学校的初高中教师合作和专业培训。一些学校现在有超过30年的汉语教学经验，并且有许多本地开发的教科书和教学材料可供使用。

为维持第二、三代华人子女的汉语水平，日益壮大的华人社区在许多城市的中心区域开设课后班。当地社区还举办各种比赛来促进汉语学习，如已举办了30多年的全澳诗歌朗诵比赛——它是由一群主要来自中国香港及周边地区的志愿者于1990年发起的为年幼学童组织的诗歌朗诵比赛。当时，大多数澳大利亚华人来自中国香港或东南亚，会说粤语。现在，大多数澳大利亚华人都有中国内地背景。最近，该活动每年吸引多达2,600名参赛者，跨度从5岁的儿童到大学生。

中国政府支持通过多种方式推广中文，如由教育部语合中心组织的汉语水平考试。"汉语桥"世界中学生中文比赛每年都在全澳范围内举行，比赛包括中国常识汉语笔试，定题即兴演讲以及诸如歌舞之类的才艺表演；针对大学生群体也有类似的比赛。自2003年起，"汉语桥"世界大学生中文比赛的澳大利亚地区选拔赛就在悉尼举办。

6 未来的中国学

在过去的二三十年里，中国一直是澳大利亚的研究对象，主要因为它是澳大利亚的一个主要贸易伙伴。但这是否意味着当两国经济关系和外交关系恶化时，中国学变得不再那么重要？

2018年是第一位华人移民定居澳大利亚200周年。一方面，这是庆祝华人自首次来到这个国家以来所做贡献的好机会；另一方面，当时恰逢双边关系的明显恶

---

① 资料来源于澳大利亚教育研究委员会官网（读取日期：2023年8月20日）。

化，也让人想起了业已成为历史的白澳政策。[①]许多澳大利亚中国学者开始关注拟议中的新国家安全立法。本论文的作者之一梅卓琳和许多其他学者担心迫在眉睫的国际争端可能导致对华人社区的歧视。她在接受石之瑜教授领导的"中国知识计划"采访时强调，尽管并未得到广泛认可，但华人社区为澳大利亚国家发展及其与亚洲的关系确实做出了巨大贡献。她说，对中国政府的指控忽视了120万华人社区的多样性（Chan，2019）。

近年来，澳大利亚的大学对海外学生的经济依赖引起的问题凸显，而这些问题又受到对华政治关系恶化的影响。新冠疫情的暴发在个人情绪、身体健康和社会经济等各个层面上对全球造成冲击。为应对这些挑战，一些大学正在努力招收学生，并对未来保持乐观；而另一些大学则在削减开支和裁员。[②] 显然，现在是时候重新思考澳大利亚高等教育的未来走向以及它如何为国家和社会服务了。笔者认为，必须让学生能够在学科方面有更多的选择。与其他人文学科一样，中国研究应该作为全面教育下一代的选修课程。但在这个艰难时期，中国学学科比过去需要更多的支持。大学不应该仅仅依靠功利性的经济收益：教育应该为人类本身而存在。最近关于大学的作用和教育性质的辩论似乎证实了李克曼和其他学者在三十多年前提出的观点。[③]

在思考如何确保澳大利亚的未来和高等教育的目的时，墨尔本大学的安妮·麦克拉伦（Anne McLaren）教授也认为澳大利亚需要采取新举措来加强与中国相关的专业知识。她坦言，澳大利亚面临中国学专家的严重短缺：

> 我们已经看到澳大利亚对中国语言和文化的深厚专业知识在逐渐变少。越来越多与我们谈论中国的澳大利亚人不懂中文，也没有花大量时间研究中国的历史、文化和政治……应鼓励澳大利亚大学确保其中国学项目能满足澳大利亚对更广泛和更深入的中国专业知识的需求。目前专注于利用这些项目从国际学生市场赚钱的现状导致我们忽视了大学的核心功能，即教育下一代澳大利亚人如何应对与我们这个世界的主导力量接触时的挑战。澳大利亚需要鼓励更多的国内学生专攻以中国为重点的高级和研究生课程，应考虑采取具体举措，加强与中国相关领域的荣誉学位和研究生招生。这些举措包括但不限于为中国学荣誉学生和研究生提供奖学金，设立一两个资源丰富的中国学硕士课程，将学科培训与国内语言学习相结合等。[④]

---

① 资料来源于Countercurrents网站（读取日期：2023年8月24日）。
② 资料来源于WA Today网站（读取日期：2023年8月24日）。
③ 资料来源于《悉尼晨锋报》官网（读取日期：2023年8月24日）。
④ 资料来源于澳大利亚亚洲研究协会官网（读取日期：2023年8月24日）。

　　澳大利亚的学者越来越担心对亚洲的研究不够深入或不够广泛。在这个被称为"亚洲世纪"的时代，了解亚洲会让澳大利亚能够致力于审视和解决全球性的问题。西方大学是否能够应对切合美国的中国学学者斯科特·肯尼迪（Scott Kennedy）所说的"我们所知道的和我们需要知道之间的差距"的挑战，[①] 这还有待观察。

　　中国人口众多，历史悠久，文化丰富，社会构成复杂多样。要深入接触中国，澳大利亚学生需要更平衡、更全面的教育，以及对中国社会和文化的深刻理解（Davis，2006）。中国学课程设定的基本原理不应该是简单地因为中国是一个在经济和政治层面强大的邻国；澳大利亚应该提供和培养有关中国的知识，这是因为人们想了解具有不同历史和哲学的文化。澳大利亚的中国学应该作为一项长期的事业来发展并受到支持，此项教育使命应超越对财富和权力的利益追求。正如戴维斯三十多年前所说的那样，教育应关注的主要核心是对真理与博爱的追求。

参考文献

何丙郁，2006.学思历程的回忆[M].新加坡：八方文化创作室.

周宁，2004.汉学或汉学主义[J].厦门大学学报（1）：5-13.

Chan S, 2019. A British legacy or modern university crisis? Chinese studies in Australian universities [A]// Colonial legacies and contemporary studies of China and Chineseness: unlearning binaries, strategizing self. Singapore: World Scientific Publishing: 367-406.

Coughlan C M J, 2008. The study of China in universities: a comparative case study of Australia and the United Kingdom[M]. New York: Cambria.

Davis A R, 2006. In search of love and truth[J]. Journal of the oriental society of Australia, (1): 1-14.

Davis G, 2013. The Australian idea of a university[J]. Meanjin, (3): 32-48.

Hodge B, Louie K, 1998. The politics of Chinese language and culture: the art of reading dragons[M]. London: Routledge.

Liu W P, 2002. Drifting clouds: between China and Australia[M]. Sydney: Wild Peony.

Penny B, 2014. Preface to A. R. Davis reprints[J]. East Asian history, (38): 125-128.

Rudd K, 1994. Asian languages and Australia's economic future[R]. Brisbane: Queensland Government Printer.

Zurndorfe H, 1995. China bibliography: a research guide to reference works about China past and present[M]. Honolulu: University of Hawaii Press.

作者简介

梅卓琳（Jocelyn Chey），悉尼大学中国研究系客座教授，西悉尼大学与悉尼科技大学客座教授。主要研究领域：中国幽默文化与文化外交。电子邮箱：

---

① 资料来源于《泰晤士高等教育》官网（读取日期：2023年8月24日）。

梅卓琳 陈慧

jocelynchey@gmail.com。

陈慧（Shirley Chan），麦考瑞大学语言与文化系副教授。主要研究领域：中国文化、哲学及文献学，尤其关注中国古代危机语言与哲学。电子邮箱：shirley.chan@mq.edu.au。

（责任编辑：江璐）

中文教育在澳大利亚的发展路径及其影响因素分析

胡钰翎

摘 要：19世纪50年代，中文是在澳大利亚使用的最多的社区语言之一，华人是当时最大的移民群体之一，澳大利亚双语学校蓬勃发展，但中文却未能像德语、意大利语、法语等其他语言一样走入澳大利亚的学校。一个半世纪后，中文再次成为澳大利亚除英语之外使用的最多的语言，华人也是澳大利亚最大的移民群体之一，但不同的是中文已经走入澳大利亚国民教育体系，成为澳大利亚学校教授最广的第五大社区语言。本文旨在从小学、中学以及大学三个层面梳理澳大利亚从殖民地时期到现在两百年间中文教育的发展经历，通过历史文本分析和数据分析，揭示中文教育在澳大利亚实现从无到有，从不被重视的一门少数民族语言到成为澳大利亚优先发展语言的发展路径。此外，本文还从社会环境、语言政策以及华人移民等方面剖析了不同时期影响澳大利亚中文教育发展的因素。

关键词：中文教育；影响因素；社会环境；语言政策；华人移民

Chinese Language Education in Australia: Changes and Influencing Factors

Yuling Hu

Abstract: Since its first appearance in Australia in the early twentieth century, Chinese language education in Australia has gone through great difficulties. Yet in about 100 years, great changes have taken place, and it has evolved from one with little existence to one of the mostly taught languages in Australian educational system. By analyzing the historical texts, official documents and figures, the paper aims to explore the changes taking place in the sectors of primary and secondary schools, language schools and universities during different developmental periods, and also the influences of social environment, language policies and Chinese immigrants on these changes.

Keywords: Chinese language education; influencing factors; social environment; language policy; Chinese immigrants

1 澳大利亚的语言教育

澳大利亚的语言主要分为英语、原住民语言（aboriginal languages）和社区语言（community languages）。社区语言就是之前的移民语言，也被称为英语之外的语言（Languages Other Than English，简称LOTE），中文属于社区语言。澳大利亚主要有三类机构承担语言教育：第一类是标准小学和中学，包括公立学校和教育部支持的私立学校；第二类是语言学校，主要是周六语言学校和课后民族语言社区学校，在有些州，语言学校也属于国民教育体系，政府予以资金投入；第三类是大学。

本文中的澳大利亚语言教育跨越殖民时期、同化时期、多元文化时期以及亚洲语言优先时期。本文将梳理中文这一社区语言在这四个时期下在澳大利亚的发展路径，以及各时期影响中文教育发展的因素。

2 殖民时期（1788—1901年）中文教育在澳大利亚的发展及影响因素

2.1 中文教育未能出现

1901年之前，澳大利亚还是英国的殖民地，因此这段时期也被称为殖民地时期。沿袭英国传统，殖民时期的澳大利亚教育以英语为主，学生接受的是单语教育。19世纪50年代澳大利亚发现金矿后，大批移民涌入澳大利亚，带来了自己的语言，澳大利亚事实上成为一个多语社会，澳大利亚也由之前的单语教育转变为双语教育。为了给自己的后代提供教育，很多移民开办了双语学校，当时比较多的是德英、德法、德意学校。这些学校多以小学为主，也有少数中学，很多澳大利亚当地人也送孩子到这些学校接受双语教育。

虽然资料显示，1867年维多利亚欢娱河的华人曾向立法会议申请在华人集聚区建一所学校，但最后还是没能建成。华人是澳大利亚最早的移民之一。早在1818年，官方记录显示已经有华人来到澳大利亚。截至1858年，华人是当时澳大利亚最大的移民群体，达40,000人（Andrews，1985：7）。中文也成为澳大利亚除英语之外使用人数最多的语言之一，之后才是德语、爱尔兰语、盖尔语、威尔士语、法语（Clyne，2005：1）。

19世纪80年代，澳大利亚实行了教育法，规定中小学教育为义务教育，英语为主要教学语言。在1901年白澳政策实施后，澳大利亚各政府开始限制英语之外的语言发展，澳大利亚的教育又回到以英语为主的单语教育。受此影响，很多双语学校被迫关门。即便如此，在19世纪末20世纪初，澳大利亚仍然有近100所双语学校。但澳大利亚依然"无华文学堂，书塾均无"（廖小萍，2007：10）。无奈之下，华人只能把子女送往澳大利亚学校学习英文，还有一些华人则把子女送回国接受传统中文教育。这一时期中文也并未能像其他移民语言一样出现在澳大利亚的学校中。在高等教育领域，这一时期澳大利亚出现了两所高校：悉尼大学和墨尔本大学，这两所大学是澳大利亚最早的高等学府，主要沿袭英国的教育体制和传统，当时还没有语言教育项目。

2.2 中文教育未能出现在澳大利亚的影响因素

这一时期，中文教育未能出现在澳大利亚的影响因素主要有两个。第一，澳大利亚殖民政府对华人的各种歧视和打压政策。由于华人多数非常勤奋，能够长时间劳作，很多澳大利亚人和欧洲移民责怪华人抢占了他们的工作机会，因而华人也经常被各种责难。因此虽然同为移民，华人与欧洲移民却被给予不同对待。欧洲移民仅仅由于自己的白人身份就被认为是澳大利亚人，享受很多权利。他们开办学校的申请可以得到批准，而华人相同的申请却无法通过。第二，华人社会地位低下，无暇顾及教育问题。当时华人很多是以苦力或劳工身份来到澳大利亚，社会地位低下，生存状况非常艰难，也没有精力顾及其他。而当时的清政府自顾不暇也无法给海外华人提供任何支持或保护。

所以，虽然华人为当时澳大利亚最多的移民之一，中文也是澳大利亚当时使用最广的社区语言之一，但中文教育却未能出现在澳大利亚。

3 同化时期（1901—1970 年）中文教育在澳大利亚的发展及其影响因素

3.1 中文教育实现零的突破

在1901—1970 年，澳大利亚先是实行白澳政策，后又对移民实行同化政策，即鼓励或强迫移民学习和使用英语。在教育领域，澳大利亚又回到单语教育，学校的主要教学语言为英语，移民语言教育受到严格的限制和打压。

但也是在这一时期，中文教育终于出现在澳大利亚。先是出现在基础教育领域，后又出现在高等教育领域。从1818年有记载的第一位华人抵达澳大利亚九十多年后，在中文成为事实上澳大利亚最大的社区语言的半个世纪后。虽然比其他移民语言教育在澳大利亚的出现晚了半个世纪，在克服种种困难之后，澳大利亚的中文教育终于在澳大利亚实现了零的突破。

20世纪初期，一些留澳华人和社团开始在澳大利亚创立了中文学校。如1909年11月，澳大利亚华侨伍洪南、刘月池及黄右公等人在墨尔本创办了华文夜校，使用中文上课，这是已知的澳大利亚最早的中文学校。之后其他的一些中文学校也在悉尼和墨尔本创办，比较有名的是1910年悉尼华侨叶柄南和叶同贵创办的悉尼中华蒙养两等小学堂、1913年悉尼华人赵国俊创办的光华学校、1924年新南威尔士中华商务总会的中华学堂、1925年维多利亚国民党支部创办的华侨夜校以及1931年悉尼国民党支部创办的华侨学校等。

这些学校由华人或华人社团创办，成立的初衷是让华人后代学习中华的传统文化。他们多以夜间授课为主，除了教中文，还教历史、文化等课程。学校的规模不大，学生也只有几十人，都是华人后裔。但由于白澳政策对华人严格限制导致的授课教师缺乏或经费不足，这些华人学校虽然断断续续持续了20多年，但最后都以失败而结束。

一直到二战后，随着中华人民共和国的成立和澳大利亚移民政策的放松，澳大利亚的华人又开始创办中文学校，如20世纪50年代，墨尔本中华公会创办了中文夜校，学生有几十人。

澳大利亚中小学也逐渐开设了中文课程。1961年，维多利亚的一所中学率先开设了中文课程。澳大利亚的一些私立学校也开设了中文课程，但学习中文的数量增长并不明显。中文教育尚未纳入澳大利亚国民教育体系。

在高等教育领域，直到20世纪50年代，澳大利亚的高校才开始开设中文语言课程。虽然早在20世纪20年代，悉尼大学开设的东亚历史课程中涉及日本、中国、印度的历史和文化，但这也仅仅是因为沿袭英国的传统而设（Milner，1999），也没有开设语言课程。1950年，澳大利亚皇家空军学院语言系（现国防学院语言中心）在关闭两年后重新招生，教的第一批语言就是中文（普通话）和俄语，之后才又增加其他语言课程。

1952年，在联邦政府资助下，堪培拉大学学院（Canberra University College）建立了东方研究院，并于1953年开设中文课程（Baldwin，2019：118），后并入澳大利亚国立大学。之后，澳大利亚孟席斯政府设立亚洲研究奖学金，鼓励人们研究中文和日语。1955年，悉尼大学开设中文课程。1962年，墨尔本大学成立东方研究院，开设中文课程。截至1964年，澳大利亚开设中文课程的高等院校有4所（包括一所军事院校），学习中文的大学生有118位。1967年，昆士兰大学开设中文课程。截至1969年，澳大利亚有6所学校开设中文课程（张昌柱 等，1994）。

在这一时期，虽然政策对移民语言教育很不友好，但在澳大利亚华人的努力下，中文教育终于出现在了澳大利亚。而高等教育领域开设中文课程，除了是澳大利亚高校发展的需求，也有政府出于地缘政治和国家安全因素的考虑。

3.2 中文教育出现的推动因素

中文教育在澳大利亚实现从无到有的发展，主要受以下三个因素影响。

第一，中文教育在澳大利亚的出现首先是源于在澳华人的努力。这一时期，澳大利亚政治和社会环境对华人和中文教育都还是非常严苛。在政策上，1901年澳大利亚联邦成立后实行白澳政策，在澳华人数量持续下降，从1858年的40,000人左右降到1921年的20,812人（Clyne，1991：7）。华人不再是澳大利亚最大的移民群体，中文也不再是澳大利亚使用最广的社区语言。在教育领域，澳大利亚实行单语教育，学校中主要使用英语，严格限制英语之外的语言。

但就是在这样艰难的社会环境中，一批华人和社团克服种种困难，开创了澳大利亚历史上最早的一批中文学校。他们希望传承中华文化，保持与母国的联系。结合澳大利亚对华人态度以及当时所处的社会背景，这一成就是非常艰难且卓越的。虽然这些学校后来都未能坚持下来，但他们的创立开创了中文教育在澳大利亚发展的先河，也为后来中文教育在澳大利亚的出现提供了宝贵的经验。

第二，澳大利亚中文教育的出现也与当时清政府及民国政府的教育政策有密切关系。19世纪末20世纪初清政府实行了教育改革，建立了一套完整的包括小学、中学、大学和海外教育在内的教育制度。当时的政府将海外中文学校纳入国家教育体系，并鼓励华侨建立更多的中文学校。1909年，清政府在澳大利亚设立总领事后不久，澳大利亚的中文学校也开始出现。

第三，澳大利亚中文教育出现也是国家意志的体现，这主要体现在高等教育领域里。二战后，在冷战大背景下，属于英美阵营的澳大利亚对刚刚成立的中华人民共和国感到不安，因此无论是政府支持已经关闭两年的澳大利亚皇家空军学院重新招生开设中文课程，还是两年后又出资在政府所在地堪培拉建立东方研究院开设中文课程，都可以说明中文课程的开设是澳大利亚政府的一种国防安全考虑，是出于对中华人民共和国成立后感到不安和焦虑而采取的一种应对措施。

这一时期，在基础教育领域，澳大利亚华人排除万难，终于开创了中文教育。而在高等教育领域，中文教育的出现更是澳大利亚国家政府意志的体现，是澳大利亚政府出于地缘政治和国家利益的考虑而设立的。

4 多元文化时期（1970—1990年）中文教育的发展及其影响因素

4.1 中文教育在澳大利亚实现第一次大发展

从20世纪70年代开始，澳大利亚废除了白澳政策，开始引入多元文化政策并将其作为国家政策，因而20世纪70年代后也被称为澳大利亚多元文化时期。这一时期，中文教育在澳大利亚迎来了第一次较大的发展，遍及澳大利亚的基础教育领域和高等教育领域。

在基础教育领域，开设中文课程的中小学规模急剧增长，学习中文的中小学人数也呈现出快速增长的态势，但这种急速增长主要体现在小学阶段。1988年，澳大利亚中小学中文课程注册人数仅为11,295人，但到1991年，短短3年时间内，这一人数增加到25,500人，翻了一倍多。其中，在小学阶段，学习中文的学生人数从1988年的2,230名小学生增加到1991年的12,300人。而学习中文的中学生从1988年的6,682人增加到1991年的10,122人（Smith，1993：15）。

同期，澳大利亚也出现了很多中文社区语言学校，学生人数规模从几十人到几百人不等。如1974年在墨尔本创办的华文学校和1977年在悉尼创办的中文学校。1988年，悉尼中华语言学校成立。截至1989年，澳大利亚共有华人学校49所，学习华文的人数有9,727人（黄昆章，1998：256）。这些学校主要由华人自筹资金建立，很多都得到了当地华人的支持，有些学校也得到了地方政府的补助。

随着中文语言教育在澳大利亚中小学的铺开，越来越多的大学开始开设中文课程。1971年成立的格里菲斯大学将当代亚洲学院作为其四大基础学院之一。1974年，阿德莱德大学建立亚洲研究中心，教授中文和日文。同年，莫纳什大学开设中文课程。1975年，莫道克大学开设中文课程；1978年，麦考瑞大学开设中文课程；1981年，澳大利亚有11所大学开设了中文课程；1988年这一数字增加到16所；1990年开设中文课程的大学增加到19所。截至1992年，开设中文课程的高校有23所，学习中文课程的学生达2,138人（Djite，1993：114）。而从学生数量来说，1988年，注册学习中文的全日制学生为361位，到1990年则达到587位（White et al.，2006）。仅仅两年时间，学生人数增长了约1.6倍。

同时，高校的中文项目也开始向多样化和实用化发展。老牌的墨尔本大学和悉尼大学继续秉承传统将中文课程与历史、地理等结合。而20世纪六七十年代刚刚成立的乐卓博大学和迪肯大学则开始将中文课程与商业经济专业结合起来。悉尼科技大学将中文教育设在国际关系学院，提供中文双学位。而昆士兰大学将中文语言专业化，开设翻译方面的课程。

4.2 多元文化时期中文教育在澳大利亚发展的推动因素

这一时期中文教育的发展受多重因素的推动，但主要推动因素为以下三个。

第一，澳大利亚国家政策的直接推动。二战让澳大利亚人第一次感受到人口稀少的危机，为此二战后，澳大利亚积极调整了移民政策，鼓励和吸引移民进入澳大利亚，也重新放宽对亚洲移民的准入。20世纪70年代，澳大利亚引入了多元文化作为基本国策。在多元文化政策框架下，英语之外的语言即社区语言被纳入澳大利亚的国民教育体系，很多中小学校尤其是私立学校相继开设了中文课程。

此外，澳大利亚教育领域也调整了相关语言政策。很多州将中文作为高考的一个科目，中文成为很多大学统一考试的外语选项。20世纪70年代，维多利亚州将中文课程纳入高考。20世纪80年代初，新南威尔士州将中文纳入高考。20世纪80

年代末，昆士兰州将中文纳入高考。随着华人移民在澳大利亚的持续增加，华人对中文学习的需求也不断上升。而澳大利亚政府的这一举措让中文学习变得更加实用，极大地推动了澳大利亚华人学习中文的热情。

第二，澳大利亚语言政策的直接推动。1987年，澳大利亚联邦政府颁布了《国家语言政策》（*National Policy of Language*），将包括中文在内的9门亚洲语言作为优先发展语言。《国家语言政策》明确规定澳大利亚学校将采用中华人民共和国标准语言中文（普通话）（Lo，1987：15），确立了中文（普通话）在澳大利亚语言教育中的地位，从国家层面提升了中文（普通话）在澳大利亚的重要性。《国家语言政策》颁布后，澳大利亚政府又投入了大量的财力和物力推进包括中文在内的语言教育。

第三，中澳关系向好，为日后两国关系的进一步交往打下了非常好的基础。1972年，工党领袖惠特拉姆当选总理后与中国建立了外交关系。澳大利亚也开始实施积极的亚洲政策。

在这三种因素的积极推动下，中文在澳大利亚的语言教育中地位不断上升，开设中文课程的中小学和大学越来越多，学习中文的中小学学生和全日制本科生人数也在不断增加，中文教育呈现出快速发展的态势。

5 亚洲语言优先时期（1990年至今）中文教育的蓬勃发展及其影响因素

5.1 亚洲语言优先时期（1990年至今）中文教育的蓬勃发展

从20世纪90年代开始，澳大利亚的中文教育迎来了爆发式的增长。从开设中文的学校数量和学习中文的人数上来说，这一时期的中文教育发展规模超过了之前的所有时期。中文教育持续增长，在语言排名中不断超过其他语言。2005年，中文成为继日语、意大利语、法语、印尼语、德语之后澳大利亚中小学开设最多的社区语言。2015年，中文超过了德语，成为教授最多的第五大社区语言。截至2018年，澳大利亚所有州和领地的公立学校、私立学校和天主教学校都开设了中文课程。

从全国范围来看，1991年澳大利亚中小学注册中文学习人数为25,500人，到2008年澳大利亚学习中文的中小学学生（包括公立学校、独立学校和天主教学校）增长到90,740人，2016年，学习中文的人数为172,878人（Orton，2016：44），占澳大利亚学生总数的4.6%。由于2016年后中文学习的数据缺乏，本文选取维多利亚州公立中小学的中文项目数据为例来进行说明。2001年，维多利亚州共有13,088位中小学生注册中文学习。在"全国学校亚洲语言学习计划"（National Asian

Language and Studies in Schools Program，简称NALSSP）实施后的2013年，学生人数为40,553人（Victoria State Government，2015），突破4万大关。2020年，学生人数继续创新高，达到91,412人（Slaughter et al.，2020：20）。二十年间，维多利亚州公立学校注册中文的学生人数从2001年的13,088人增加到了2020年的91,412人，增长了约7倍。无论是从学生数量来说，还是从增速来说，这一增长都是前所未有的。

而作为澳大利亚中文教育的重要力量，澳大利亚的周六语言学校或社区学校也在这时期有了很大的发展。1989年，澳大利亚中文学校有49所，学生为9,727人（黄昆章，1998）。截至1993年，全澳大利亚的中文学校增加到96所，学生人数增加到15,152人（Gibbons，1995：543）。四年间，澳大利亚的华人学校数量翻了一番，学习中文的学生人数增长了约1.56倍。截至2022年，澳大利亚共有785所社区语言学校，学生人数为102,000人。其中108所为中文社区语言学校，注册学生人数为27,476人，中文教师有1,894人。此外，还有一所粤语学校和一所传统中文语言学校。[1]截至2024年，澳大利亚共有793所社区语言学校，而社区语言学校教授的第一大语言就是中文。学生主要为华侨华人子女，占比78%，非华裔学生占比约为22%（王子蕴，2024）。此外，澳大利亚的远程中文教育也很发达。

在高等教育领域，中文教育呈现出持续快速增长的趋势。1992年，23所高校开设中文课；2009年，开设中文课程的高校有28所。课程设置更加丰富，增加了很多实用和专业化的课程，如商务、中医、教育、语言、书法等。在2011年，澳大利亚有9所高校将中文普通话设为一个专业。从学习者数量来说，1990年，中文学习者有587人；1994年，学习中文人数上升到880人；2001年，其上升至1,031人；2009年，有1,291人学习中文课程（White et al.，2006：8）。以麦考瑞大学为例，截至2018年，每年学习中文（普通话）课程的学生都有3—4个班，学生有100多人，其中非华裔就有三四十人。学习书法的学生则高达1,000多人。截至2021年1月，澳大利亚共有34所高校开设中文课程，遍布澳大利亚各州和领地（梁蕾 等，2023）。但澳大利亚政府对中文语言项目停止资金支持后，很多大学的中文语言项目被迫关闭。2024年，澳大利亚提供中文或中文研究课程的高校降为23个。[2]

进入21世纪以来，澳大利亚的中文教育迎来了孔子学院。2005年，第一所孔子学院在西澳成立。2019年，澳大利亚共有14所孔子学院和67个中小学孔子课堂，数量之多仅次于美国和英国。孔子学院每年都会派出中文教师辅助当地中小学

---

[1]　资料来源于澳大利亚社区语言网官网（读取日期：2024年12月）。

[2]　资料来源于澳大利亚对华研究会官网（读取日期：2024年12月）。

教师的教学工作，还提供中文学习材料。孔子学院极大地缓解了澳大利亚中文教育中存在的教师严重短缺问题，丰富了澳大利亚中文教育的教学资源，加强了澳大利亚人对中国的了解。但是中澳关系因为莫里森政府的对华态度转变而恶化。这一变化也影响到了孔子学院。2019年8月，澳大利亚新南威尔士州教育部宣布终止孔子学院合作协议。2020年12月，澳联邦会议通过了《澳大利亚对外关系（州和领地协议）议案2020》，要求审核孔子学院。之后，不断有政客要求关闭孔子学院和孔子课堂。截至2024年11月，澳大利亚的孔子学院减少至13个，而孔子课堂锐减至6个。①孔子学院和孔子课堂的减少直接影响到了很多中文学习者和中文教师，也给澳大利亚的中文教育带来了较大的负面影响。

5.2 亚洲语言优先时期中文教育发展的影响因素

这一时期中文教育的爆发式增长主要受以下三个因素的影响。

第一，澳大利亚的语言政策推动和政府资金支持。从20世纪90年代开始，为了配合澳大利亚融入亚洲的战略，澳大利亚政府制定了一系列语言政策推进澳大利亚学生学习亚洲语言，从政策上持续提升亚洲语言在澳大利亚语言教育中的地位，中文等几门亚洲语言被作为优先语言在澳大利亚学校全面推广。1991年，澳大利亚颁布了《澳大利亚的语言：澳大利亚语言与读写能力政策》（*Australia's Language: the Australian Language and Literacy Policy*），强调中文是对澳大利亚地缘政治非常重要的四门亚洲语言之一，规定每个州要从包括中文在内的14门语言中选出不超过8门作为各州教育的重点（DEET，1991：76）。1996—2002年，澳大利亚实施了"国家中小学亚洲语言与学习战略"（*National Asian Languages and Studies in Australian Schools Strategy*，简称NALSAS Strategy），并拨款2亿多澳元，支持将中文等四门亚洲语言优先推广（Ministerial Council on Education, Employment, Training and Youth Affairs，1998）。2007年，陆克文当选澳大利亚总理之后再次在全国范围内推进亚洲语言学习项目，实施"全国学校亚洲语言学习计划"。该计划将中文等四门语言列为优先学习的亚洲语言，要求澳大利亚所有学校在中小学阶段学习至少一门优先语言，为此澳大利亚政府投入6,240万澳元。2012年，澳大利亚政府白皮书《亚洲世纪下的澳大利亚》强调，在21世纪，澳大利亚必须培养亚洲相关能力的人才，并投入1,520万澳元支持。2017年，澳大利亚政府推出"澳大利亚语言早教项目"（ELLA），鼓励从儿童时期就学习包括中文在内的七门外语中的一门。但自2018年以来，随着中澳关系的恶化，以及澳大利亚对孔子学院的打压，学习中文的人数开始逐年下降，澳大利亚的中文教育发展趋缓。

第二，澳大利亚华人移民持续不断对中文教育的推动。澳大利亚废除白澳政

---

① 资料来源于孔子学院官网（读取日期：2024年12月）。

策后，澳大利亚的华人移民逐渐增加。20世纪70年代，澳大利亚主要的华人移民来自东南亚，如马来西亚、越南等地。20世纪80年代开始，来自中国香港、中国台湾、新加坡的移民开始增加。20世纪90年代，来自中国内地（大陆）的移民快速增长。数据显示，1991年，大约有77,882名中国内地（大陆）人移民澳大利亚；截至2006年，中国内地（大陆）移民增加到251,960人；截至2016年，澳大利亚的中国内地（大陆）移民有557,690人（王莲 等，2019：124）。根据澳大利亚统计局的数据，对于21世纪的澳大利亚，中国出生的人口数量显著增加；2011年，中国超过英国，成为澳大利亚永久移民的主要来源；2016年，华裔人口在澳大利亚总人口中占比为5.2%；到2021年，这一比例增加到5.5%，在澳大利亚的华人总数超过了140万（Australian Bureau of Statistics，2021）。华人群体已成为澳大利亚第一大非英语母语者的少数族群。中文普通话仍是澳大利第二大常用语言，仅次于英语。在澳华人数量的增加给澳大利亚的中文教育提出了更大的需求，也是澳大利亚中文教育持续发展的动力。随着华人移民对中文需求的增加，华人中文学校也大批出现，而且发展态势持续向好。经过30多年的发展，这些华人学校的规模和质量都有了大幅提升，课程设置也越来越丰富，有的学校还参与到当地政府中文课程的设置工作中。他们是推动澳大利亚中文教育的重要力量，也是澳大利亚校内中文教育的必要补充。随着中国国力的强盛，从20世纪90年代开始，越来越多的华人到澳大利亚的高等学府留学深造，这也积极推动了澳大利亚高校中文教育的发展。

第三，中澳经济贸易关系不断加深。自1972年中澳建交后，中澳经济交往也日益密切。改革开放后，中国经济迅速发展，并于2010年超过日本，成为世界第二大经济体。而自20世纪80年代开始，澳大利亚的注意力开始转向亚洲，大力发展与亚洲的贸易关系，澳大利亚与中国的经贸往来日益密切，中国经济的不断增长为澳大利亚带来了巨大的国际市场，截至2021年上半年，中国仍是澳大利亚最大贸易伙伴。

这一时期，在澳大利亚语言政策、在澳华人和留学生对中文教育不断增长的需求以及日益密切的中澳经贸关系推动下，澳大利亚中文教育蓬勃发展。虽然在2018年后受政策影响，学习中文的人数有所下降，但总体还是呈现比较好的发展态势。

6 结语

澳大利亚的中文教育始于20世纪初，比第一位有记录的中国人抵达澳大利亚晚了九十多年，也比同期其他移民语言教育晚了半个多世纪。最初的中文学校主要是华人为传承中华文化而自发建立的。在历经各种艰难甚至是失败后，二战后中文学校又重新起步。经过一百多年的发展，中文学校已经成为澳大利亚国民教育体系的重要组成部分，是澳大利亚中文教育发展的重要推动力量。

在高等教育领域，虽然早在20世纪20年代，澳大利亚的高校就开设了与中国文化相关的课程，但这些课程并没有语言教育，开设的原因也是出于对英国教育体系的传承。在中华人民共和国成立1年后，也就是1950年，中文教育率先出现在一家军事院校。可见，澳大利亚高校的中文教育源于澳大利亚政府国防安全的考虑。经过70余年的发展，澳大利亚高校的中文教育主要是服务国家的经济利益，满足不断增加的澳大利亚华人移民以及国内少数对中国文化感兴趣的华人之外的群体的需求。

而在澳大利亚的义务教育阶段，中文教育是出现在20世纪80年代。多元文化政策实施后，中文等社区语言被纳入澳大利亚国民教育体系，作为外语在澳大利亚中小学开设课程。与前两者相比，澳大利亚中小学的中文教育是起步最晚的，但经过四十多年的发展，中文成为澳大利亚中小学学习最多的第五大语言，从人数和规模上都有了非常迅速的发展。

从殖民时期的零发展到现在的大发展，一百多年间，中文教育受到诸多因素的推动。最重要的就是澳大利亚的华人。无论是早期的艰难起步，还是二战后的重新开始，华人都是澳大利亚中文教育的先行者，是澳大利亚中文教育的积极推动者，也是中华文化坚定的传承者。他们是澳大利亚中文教育中绵绵不绝的力量，为澳大利亚中文教育的发展做出了巨大的贡献。其次，澳大利亚的政策尤其是语言政策对中文教育的发展起决定作用。历史上，中文教育曾因白澳政策的打压而失败过，其发展却也受益于多元文化政策和语言政策的推动。无论是20世纪80年代颁布的《国家语言政策》，还是20世纪90年代推出的"国家中小学亚洲语言与学习战略"，或是21世纪初的"全国学校亚洲语言学习计划"，澳大利亚的语言政策都积极推动了中文教育的发展。最后，澳大利亚对中文教育一直有着巨大的需求。这种需求自殖民时期来自华人移民，到现在，这种需求不仅来自华人移民，也来自对中国文化有兴趣的华人之外的群体。

在过去的一百多年间，中文教育无论是在中小学层面、还是在社区语言学校层面以及高等教育层面都得到了很好的发展。虽然中文教育在未来还可能会面临着一些不确定因素，但推动中文教育发展的积极因素总体保持稳定，因而澳大利亚的中文教育也会持续向好。

参考文献

黄昆章，1998. 澳大利亚华侨华人史[M]. 广州：广东高等教育出版社.

梁蕾，吴应辉，2023. 澳大利亚中文教育发展现状研究[J]. 华文教学与研究（1）：52-59.

廖小萍，2007. 澳大利亚新西兰华文教育比较研究[D]. 广州：暨南大学.

王莲，马林兰，李瑛，2019. 澳大利亚国家语言政策研究[M]. 北京：中国经济出版社.

王子蕴，2024. 澳大利中文教育的发展：社区语言学校推动中文教育"落地生根"：李复新博士访谈[J]. 孔子学院（4）：36-43.

张昌柱，陈申，1994. 澳大利亚的中文教育概况[J]. 世界汉语教学（4）：107-109.

Andrews E M, 1985. Australia and China: the ambiguous relationship[M]. Melbourne: Melbourne University Press.

Australian Bureau of Statistics, 2021. Cultural diversity of Australia[EB/OL]. (2022-09-20) [2025-02-03]. https://www.abs.gov.au/articles/cultural-diversity-australia.

Baldwin J, 2019. Language other than English in Australian higher education: policies, provision, and the national interest[M]. Switzerland: Springer.

Clyne M, 1991. Community languages: the Australian experience[M]. Cambridge: Cambridge University Press.

Clyne M, 2005. Australia's language potential[M]. Sydney: University of New South Wales Press.

DEET, 1991. Australia's language: the Australian language and literacy policy: companion volume to the policy information paper[M]. Canberra: Australian Government Publishing Service.

Djite P G, 1993. From language policy to language planning: an overview of LOTE in Australian education[M]. Canberra: The National Languages and Literacy Institute of Australia Limited.

Gibbons E, 1995. Chinese studies in Australian schools[A]// 东南亚华人教育论文集. 朱源. 屏东: 屏东师范学院印行.

Lo B J, 1987. National policy on languages[M]. Canberra: Australian Government Publishing Service.

Milner A, 1999. Approaching Asia, and Asian studies, in Australia[J]. Asian studies review, 23(2): 193-203.

Ministerial Council on Education, Employment, Training and Youth Affairs, 1998. Partnership for change: the NALSAS strategy[EB/OL]. (2022-01-17) [2024-12-01]. https://www.curriculum.edu.au/nalsas/pdf/partner.pdf.

Orton J, 2016. Building Chinese language capacity in Australia[M]. Sydney: Australia-China Relations Institute.

Slaughter Y, Hajek J, 2020. Languages provision in Victorian government schools[R/OL]. (2021-11) [2024-12-01]. https://www.researchgate.net/profile/YvetteSlaughter/publication/356962365_Languages_Provision_in_Victorian_Government_Schools_2020/links/61b4806b1d88475981dfe19b/Languages-Provision-in-Victorian-Government-Schools-2020.pdf.

Smith D, 1993. Unlocking Australia's language potential: profiles of 9 key languages in Australia: Volume 2—Chinese[M]. Canberra: The National Languages & Literacy Institute of Australia Limited.

Victoria State Government, 2015. Languages provision in Victorian government schools[R/OL]. (2022-01-17) [2024-12-01]. https://content.sdp.education.vic.gov.au/media/edustate-languages-provision-report-2015-pdf-851.

White P, Baldauf R, 2006. Re-examining Australia's tertiary language programs: a five year retrospective on teaching and collaboration[R/OL]. (2022-01-16) [2024-12-01]. https://www. murdoch.edu.au/ALTC-Fellowship/_document/whitebauldaufreport2006.pdf.

作者简介

胡钰翎，北京外国语大学继续教育学院讲师。主要研究领域：澳大利亚语言政策、国际中文教育、区域国别研究。电子邮箱：huyuling@bfsu.edu.cn。

（责任编辑：李建军）

澳大利亚小学中文教育的复杂性

张春燕

摘 要：全球化下澳大利亚的中文教育是如何在小学里开展的？"中国"在课堂上是怎样被组装（assembled）、体现（represented）和讲述（taught）的？作者在历时八年的自传民族志研究中，深入教学，探讨在澳大利亚小学中出现的复杂、多元和异质的社会文化教育现象。本文从社会学角度出发，将人（human）和物（non-human）的因素纳入观察范畴，从澳大利亚的社会文化环境到国家实施推动中文教育的语言政策，从地方学校管理者的选择到基层教师的配合，从学生的参与到人们使用象征中国文化的物品等。所有这些人和物的交融，从不同的角度用象征和隐喻的方式来解读和想象"中国是什么"。研究发现，"中国"在澳大利亚被界定为"在那里"的、以汉文化为主的传统东方农业国。它是外来、陌生、异域且边缘化的。通常，当中澳关系面临挑战时，被边缘化的澳大利亚华人群体常常成为被指责和误解的对象。在当前，澳大利亚不断强调国家的多元文化要互相尊重和不断融合的背景下，本文提出"中国即方法"的观点，鼓励中澳语言工作者或决策者要结合全球化下多元文化的实际状况，以中文为例，更好地推广本土多元文化教育。本文除了揭示澳大利亚中文教育的现状与未来，还创造性地将中国道家的哲学概念和西方的方法组装论结合起来作为本研究的认知论。

关键词：澳大利亚中文教育；自传民族志；中国知识流动；中国即方法；方法组装论；多元文化社会

The Complexity of Chinese Language and Culture Education in Australia's Elementary Schools

Chunyan Zhang

Abstract: How is China and Chinese language education assembled, represented and taught in Australian elementary schools under globalization? In an eight-year autoethnographic investigation, the author explores this topic by capturing the complex, diverse, and heterogeneous realities on the frontline of teaching and learning. Unlike traditional sociolinguistic research, this case study utilizes a mixed cognitive approach that allows for both human and non-human factors to be incorporated into the observational study. From the Australian socio-cultural environment to national and educational policies, from local school administrators to grassroots teachers, from students to symbolic objects that represent China, each person and object is interpreted symbolically and metaphorically, imagining and representing China from different perspectives. In different kinds of knowledge flows, "China" is defined as the "out there," predominantly Han Chinese traditional agricultural country of the East. As a country and cultural entity, it is foreign, strange, exotic and marginalized. The "in-here" growing Chinese diaspora is often overlooked. Only when there is a problem in Sino-Australian relations, the often-ignored Chinese community will be condemned as a "scapegoat." As Australia continues to emphasize the need for multicultural integration and respect, the author puts forward the idea of the "China as Method," which encourages Chinese and Australian linguists and policy makers to take into account the actual situation of multiculturalism in order to better promote local Chinese language education. This study tells us what is "really" happening in Chinese language education in Australia. It provides an example of the flow of knowledge from China to the West by creatively introducing many Taoist concepts into Western sociological studies of education.

Keywords: Chinese language and culture education in Australia; autoethnography; Chinese knowledge flow; China as Method; method assemblage; the multicultural society

1 简介：全球化下澳大利亚中文教育的复杂社会背景

作为一个复杂的社会进程，全球化几乎影响了我们当代生活的各个领域。从经济到政治，从技术到科技，从文化到教育，从社会生活到个人情感健康，全球化已经成为我们的生活方式（Giddens，1999；Urry，2007）。在此背景下，历届澳大利亚政府在强调其在亚太地区的地理和文化优势的同时，着重通过各种策略提高澳大利亚人的综合素养和全球参与度。2012年，《在亚洲世纪中的澳大利亚》白皮书提出了一个颇具争议的理念，即"从欧美世纪向亚洲世纪的时代转移"（Australian Government，2012）。随后，澳大利亚各州各校开展亚洲研究课程。具体实践方法是从推荐的亚洲语言中选择一种在学校推广，包括中文（普通话）、印地语、日语和印度尼西亚语。

当中文项目得到澳大利亚自上而下的政策推广时，一些负面讨论（尤其媒体报道）影响着身处教学领域的每一个人。在科技的推动下，澳大利亚人可以轻松获得很多关于中国的最新信息。这些纷繁复杂甚至相互矛盾的叙述通常可以通过多种渠道渗透到中文教学中。作为一名社会学者和语言工作者，笔者用自传民族志的研究方法，对自己八年的实地教学加以研究，介绍澳大利亚小学中文教育的复杂社会环境。

花园小学是一所坐落于墨尔本东南郊区的公立学校。2013年，该校推行中文教育，当时，学校只有410名学生注册。自2016年起，该校生源急剧扩张；截至2023年年初，该校共有1,018名学生注册。移民的大量涌入是过去几年花园小学人数急剧增加的主要原因。据报道，自2021至2022年，澳大利亚移民人数增长了171%。[①] 2017年，笔者由兼职转为全职，一周执教25个班级。为了应对学生数量的持续增长，学校又聘请了一位半职中文教师。花园小学的学生来自50多个国家和地区，分别使用38种语言或方言。该校有60%的学生出生在海外。前十个生源国家为印度、澳大利亚、斯里兰卡、中国、巴基斯坦、马来西亚、韩国、孟加拉国、英国和阿富汗；学生在文化、语言、社会、经济等方面差异巨大。

2 研究方法：自传民族志

在研究澳大利亚中文教育的复杂性和多元异质性时，笔者选择使用自传民族志（autoethnography）作为研究方法来阐释当代西方语境下中文教育的社会文化意义，即从一个"局内人"（insider）（一线老师）的视角来理解当代澳大利亚小学的中文教学。

在过去的30年里，自传民族志已被接受为一种有效的社会学研究方法。研究者会在"auto"（自我）、"ethno"（文化）和"graphy"（分析）三个组成部分之间力求平衡（Grant，2019）。在这项研究中，笔者在个人反思、文化教育探究和理论分析之间进行切换。在写作上面，笔者没有将自我隐身，或者以权威者自居来"宣讲"或"教育"读者。相反，将自我融入研究和写作的字里行间，读者从情感和理性层面"参与"到笔者对澳大利亚中文教育的思考和想象中。正如英国社会学家John Law（2004）所说，如果我们想要带给社会和他人一些改变，社科学术著作应该尝试通过不同的方法来吸引学者之外的普通读者，用浅显易懂的语言让广大民众更好地了解社会、自我和世界。

自传民族志的研究方法在很大程度上契合笔者采用的世界认知观，即将Law（2004）的方法组装论（method assemblage）与中国道家的一些哲学思想结合起来。根据Law的观察，长期以来，社会科学一直沿袭自然科学的研究传统，将纷繁复杂、不断流动演变的世界变成单一、简单、固定和不变的实体。他们认为研究者可以置身于研究对象之外，通过问卷调查、访谈、实验等传统方法就可以了解世界。

---

① 资料来源于澳大利亚统计局官网（读取日期：2024年2月3日）。

作为研究者，他们需要做的是保持中立，阐述研究成果。毋庸置疑，一些通用的自然科学研究方法在社会科学领域的确有效，我们需要这些方法来研究社会现象、了解世界。然而，在面对那些更加复杂、流动、多元且异质性的世界时，此种研究方法有时就显得无能为力了。

作为科学、技术与社会研究（Science, Technology and Society，简称STS）的一个分支，方法组装论类似于行动者网络理论（Actor-Network Theory）。它们都认同人和物在不断变化的世界关系网络中的联结作用。Law（2004）认为，如果世界是复杂、流动和演进的，那么人和物的联结方式就不再是固定不变的简单节点链接。他将方法组装论视为一个持续构建或精心制作的过程，涉及一系列不断演变、分化和扩散的关系。通过塑造、调解和分离的手段，这些关系凝聚成"存在"（presence），并相应地产生"缺失"（absence）。这种认知与道家很多的哲学观点近似，比如"道生一，一生二，二生三，三生万物""阴阳交替"等。他提出的新名词和概念，比如，"multiple worlds""in-here, out-there"等也非常近似道家的"天地人""知、无知、或许知"等哲学概念。由此，笔者将两者结合起来作为探究澳大利亚中文教育复杂性和多元性的认知论，并用"天地人"来组织分类不同的中文教学现实。首先，澳大利亚小学中文教育被看作是一个独特的现实世界。这个世界里，每个涉及中国的人、事和物都被认为是相互关联的。这些相关因素不是孤立存在，而是不停相互作用，不断演变进化成新的、存在的"在这里"的现实世界（in-here, at present reality）。"天"在此研究中指整个澳大利亚社会环境及国家第二语言教育政策的推广；"地"特指当地花园小学管理层和其他老师对中文教育的整体决策和态度；而"人"指的是中文老师和澳大利亚学生在具体中文教学中的实际参与和推动。笔者在研究中，将观察视角投入到小学中文教育所处的"天""地"和"人"的范畴中。这些人和物不停作用彼此，新产生出的关于中国的现实世界也意味着另外一些关于中国的现实被排除在外（othered reality about China）。

3　中文教育中的不均衡知识流动问题及其应对策略

知识流动是全球化的突出表现之一。当今便利的交通和日新月异的网络技术使得世界范围内的知识流动更加频繁和快捷。在日常生活中，大部分人都能通过轻点键盘，在互联网平台上成为知识的创造者。社会已经逐渐变成了一个"知识社会"（Nonaka，1994）。然而，很多社会学研究者观察到，由于经济和政治力量的历史性差异，全球化知识流动的主要特征基本上是从欧美国家向亚非拉国家、从国际大都市向边缘社会的不对称流动。这一过程复杂且不对称。在许多情况下，这种知识流动似乎具有普遍性。知识流动的概念在知识管理（Nonaka，1994；Lin et al.，2012）、跨国公司（Gupta et al.，2000）、网络或软件开发（Zhuge，2012）、跨文化交流（Dooley，2009）和教师教育（Lin et al.，2008；Yeh et al.，2011）等领域被广泛研究。不同学者对知识流动定义不同。一般来说，知识流动指特定概念、理论和方法在不同社会经济群体、地域和文化之间的移动。近年来，一些中国研究者开始关注中国文化背景下的知识流动，包括知识流动中的文化相对性（Qing，2008）以及知识从相对边缘社会流向大都市社会的重要性（Qi，2011，2012，2013）。一些评论家认为，只有减少边界和人为限制，人类有更自由的交流，知识传播才能实现双向或多向流动，这样的知识流动才有可能实现普遍性的承诺（Qi，2013）。

在小学中文教学中，关于教师与学生之间知识流动的研究很少。笔者在长达十年，与数千名拥有多文化背景的学生的互动中，发现他们在理解中文及其文化的过程中也同样体现出知识整体从边缘社会向都市社会流动的不平衡性。受组织学和社会学中关于不平衡知识流（imbalanced knowledge flow）讨论的启发，笔者引进不平衡知识流的概念来理解学生学习中文的模式，并将这种知识流进一步划分为三种：成功的知识流、带有误解的知识流、带有阻力的知识流（Zhang，2024）。

成功的知识流指通过师生教学或者学生对话顺利分享关于中国的知识的流动。带有误解的知识流主要描述在师生互动中出现的对关于中国知识的误解和困惑。带有阻力的知识流指那些师生互动中出现的对中国或中国文化抵制和抗拒的现象。后两种知识流动是教学的重点。它们为教育者提供了引导学生深层次理解中国的机会。图1展示了澳大利亚小学中文教学中的不平衡知识流动模式。

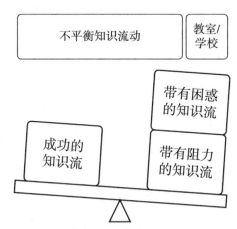

图1　澳大利亚小学中文教学中的不平衡知识流动模式

3.1　不对称的跨文化知识流动和对中国的不平衡认识

笔者作为中文教师在具体教学中是中国知识的提供者或传播者，学生则是知识的接受者。知识流动是将笔者对中国的了解通过语言或对话/谈话的教学方式来完成的。例如，在语言学习方面，系统性地教学生拼音、汉字、对话和阅读写作等。在文化方面，使用体验式活动让学生了解和感受中国文化。通过学生的参与，知识从笔者这里流到学生那里。当然，知识流动不是单向的。学生也是知识的提供者。他们从父母、老师、同学、社区以及社交媒体中学习到很多关于中国的知识，并通过参与、分享和讨论的方式将这些知识带到了课堂。另外，学生间的关于中国知识的流动也被认可、接受和鼓励。通过教学对话有效分享中国知识的实践被视为成功的知识流动。然而，由于中国到西方社会的知识流动极具不均衡性和挑战性，这种对中国的一知半解现象总是通过带有困惑和阻力的知识流在课堂上表现出来。比如，当老师在课堂教学中，很多不同年龄的学生会发出这样的陈述和疑问。他们将中国和如下的一些事物紧密联系在一起。

　　"我们去了一家中餐馆。我点了饺子和炒饭。"
　　"我爸爸去中国给我买了这只'熊猫'！"
　　"这把扇子送给你。我在唐人街做的。"
　　"中国人喜欢红色！"
　　"我叫我的功夫老师'师父'。"

　　通过美食（餐馆）、中国制造的产品、功夫、中国城、国际旅游和社交媒体报道，中国似乎已经成功融入了澳大利亚社会。但反观近十多年的学生家庭作业，笔者意识到大部分澳大利亚学生对中国的认知存在局限性和狭隘性。比如，在每年给五、六年级学生一项家庭作业中，笔者要求学生就他们感兴趣的中国话题作一项研究报告。此教学活动的目的是希望了解学生们眼中的中国。学生的关注点大多集中在以下事物上：中国食物、龙、熊猫、中国扇子、剪纸、传统服装、吉祥字句、学校、孩子、游戏等。很多中国人司空见惯的食物（如鸡爪和皮蛋）和现象（如许多中国小学生早起晚睡做功课）在学生眼中变得"古怪和不可置信"。学生的作品形式多种多样：海报、小册子、卡片、建筑模型、油画、素描、剪纸和剪纸玩具。很多家长也积极参与其中。例如，霍莉的妈妈和女儿一起制作了关于秦始皇兵马俑头像的立体海报。爱丽丝的爸爸帮助她绘制了一幅中国长城的油画。迪伦的建筑师妈妈帮儿子制作了天坛和东方明珠电视塔的建筑模型。凯特和家人一起制作了一个巨大的剪纸海报。他们的创作力和想象力令笔者惊叹不已，但也备受挑战。比如，有学生在父母的引导下绘制的中国地图没有包括台湾地区。根据学生列出的参考资料，笔者做了进一步调查并发现大部分内容都来自社交媒体网站。这足以说明，虽然关于中国的知识有些似乎已经成功流入西方世界，但是很多信息或者知识要么存在偏见，要么落伍不前，要么完全歪曲。显然，在对中国的认知上，学生（包括其家庭成员等）这种极具普遍性的"知"（know）、"不知"（unknow）和"或许知"

（sort of knowing）间接地反映了澳大利亚民众对中国、自我以及与世界关系的象征性文化理解和探索。

在对中国有困惑和阻力的知识流上，老师和学生似乎有着非常类似的挑战和疑虑。为了迎合澳大利亚民众对中国的老套认知，中文教师除了提供自己"已知"的中文知识外，不自觉地顺应简单常规的方式教学，而没有与时俱进地与当代中国联系起来推广中国文化。一些老师自觉地规避了很多自己认为不适当的内容。比如，在一次中文教学探讨会上，几位中文教师分享说"我在课堂上不提任何政治类的内容。"但是，在小学三、四年级时，学生会学习不同国家、国旗和货币。这时，一些来自中国台湾地区的学生会延续父母的错误说法，提出"我的国家是台湾"。还有一些学生在学习货币时，他们会问在人民币和澳币上的人物是谁。老师常常用含糊其词的方式应对过去。但是这也无形中让老师和学生都学会了自我审查，对有些问题避而不谈。澳大利亚学者Orton（2016）在研究中确认很多中文课程的难以为继是因为缺乏高质量师资力量和教学资源。最近几年，中澳关系起起伏伏，这也波及了中文教学的推广。长期以来，澳大利亚媒体对中国的负面报道也间接影响到中文课程在校园的开展。

这里，学生、教师、代表中国的象征物品和知识等共同组成了一个澳大利亚中文教学的微型现实世界。见微知著，这个现实不但折射出澳大利亚小学中文教育的真实现状，它也反映出澳大利亚普通民众对中国认知的刻板印象或偏见。研究发现，中国在澳大利亚小学中文教学中被象征性地解构为一个多元融合体——一个外来的、陌生的、异域的、边缘化的，甚至带有敌意的东方文化实体和国家。这种认知是采用西方国家的视角来界定中国的。如果不加以澄清、适当验证和引入批判性思考，这些先入为主的错误观念会导致负面的教学结果。这也将为中澳的中文教学工作者和政策制定者带来更多的困难与挑战。

知识流动模式的划分可以帮助澳大利亚小学中文教师更好地了解当代学生的多元性和复杂性，并识别师生互动中蕴含的不同类型的知识流动。在当代全球化、高科技驱动的国际化小学环境中，中文教师要有意识地重视学生的多元文化背景及其学前知识，承认教师和学生都是平等的知识创造者，消解教师和学生的二元对立。教师要通过学习识别这些模式，鼓励学生学会分享多元文化知识，让中文课堂在尊重多元文化背景的基础上推广中国语言和文化，真正做到通过中文教学培养学生的跨文化交际能力和全球化视野。

3.2 如水式批判教学法

澳大利亚许多小学每周只为学生提供一到两节中文课。一所学校通常只有一到两名中文教师。大多数教师是以中文为母语的移民，很多并没有接受过系统正规的中文教学训练，凭个人喜好和认知教中文的现象非常普遍。因为课时有限，关于中国的知识的流动主要通过课堂教学、师生或学生之间的对话以及书面作业体现。通常，谈话都侧重于学习基本日常会话、了解传统习俗节日等，很多批判性知识和教学内容无法深入介绍和探讨。笔者为了提高学生学习中文的热情，鼓励他们自由分享对中国的认识和理解，用开放但系统的问题吸引学生参与教学过程。在对话中，让学生畅所欲言，自由表达。因为这样的教学方式，澳大利亚学生对中国和世界的各种不同看法和认识，都自然而然地得到倾听和分享。从这样的对话中，笔者不断规划和反思什么样的中国教学内容更加实际并且贴近澳大利亚学生的学习兴趣。在这样的背景下，笔者结合自己对方法组装论和道家教学法的理解，建立了如水式批判教学法（water-like critical pedagogy）。

按照 Law 和老子对世界的隐喻思维，澳大利亚的中文教育可以视为一个"如水"（water-like）的世界。中文教师在准备教案的过程中应当把学生的多元文化背景、学前知识和实际课程安排等因素考虑进来。在遵循学生的兴趣基础上，师生通过谈话的方式自然地在课堂上形成一种知识多向流动的状态。教师将流动性带入语言教学本身，而不是将语言看作僵化的语法结构等，所使用的教学媒介可以变得多样和流畅。我把这种教学方式称作如水式教学法。

如水教学法强调无为、少发号施令、清静状态、不争、居下、自然真实和不侵占。其他由道家启发的品质还有：自发、接受、简单、虚空、不责备和自知等（Moon，2015）。笔者将"不争"理解为不把自己的想法强加于人。在教学中，笔者的"不争"就是倾听而不评判学生，学生能够在学习空间中通过交谈自由分享所思、所学和所感。这就引出了老子所倡导的另一种品质"为学之道，处无为之事，行不言之教，无为而无不为"。在中文教学中，笔者用自己的行动向学生展示中国是什么，中国人之间是如何交流的。为了鼓励学生做自己，笔者虽备课（"为"的行动），但在实施的过程中则从"教我所备"的愿望中脱离出来，取而代之的是根据学生的兴趣（"无为"的行动）提出问题，让他们自己去思考并做出结论。

如水式批判教学法提倡像水一样自然通畅的对话式教学，相信教师和学生都是知识的创造者，并有能力共同探索跨文化的理解和交融。在提倡提升学生跨文化能力的今天，让学生对谈话话题有更多的控制权是一种非常有效的教学方式。在澳大利亚多元文化的社会环境里，这种对话式方法可以更好地让那些对中国的刻板认知、偏见和成见逐渐浮出水面。虽然这将增加中文教学的复杂性，但可以让教师更好地了解学生的学前知识、意图和愿望，同时也帮助语言工作者和政策制定者提出结合实际的教学计划和方案。我的另一个概念"中国即方法"就是在这种背景下发展起来的。

3.3 中国即方法

"以中国为方法，就是以世界为目标"最早是由日本的中国思想史学家沟口熊三（Mizoguchi，2016）提出的。但是笔者在这里提出的"中国即方法"是基于在澳大利亚十多年中文教学和研究中总结出来的。在多年的观察研究和实践中，笔者认识到澳大利亚中文教学首先要本土化。具体来说，中文教学从根本上应将促进澳大利亚自身多元文化和社会作为出发点，通过关注澳大利亚日益壮大的华裔人口，将本土华人的文化、传统和生活方式作为教学的中心；在此基础上再关注华人共同的文化起源母国——中国。第二，中文教学要与全球化结合起来。中文教师要真真切切地将世界多元化趋势的理解贯彻到教学中，结合学生多元化背景和学习兴趣，允许各种话题在课堂上得到自由表达，带领学生学习对中国知识的客观和批判性的探讨与分析。只有这样才可以保证澳大利亚中文教学远离中澳之间的政治争端和经济矛盾，确保中文教学的可持续发展。

中文教学放在全球化的背景下是指让中文教学融入世界多元语言文化的"熔炉"中。中文教学工作者要以开放的姿态了解世界语言和文化的独特风格和魅力。对外中文教师需要接受适当且正规的语言和文化培训，学会用批判性思维来推广中文，用全球化的视野促进不同文化在课堂上的理解与交流，培养学生的跨文化交际能力和全球公民理念。

"中国即方法"也是一种教学方法。通过实地观察，笔者发现澳大利亚学生学习中文及理解中国文化最常用的一个方法是相互参照他们自身或者已知的多元文化背景。比如，印度学生会说，中国有元宵节，我们有印度灯节。中东背景的学生在学习中国茶道时，会介绍他们的语言里也有"茶"字的相同发音。在"中国即方法"的理念下，澳大利亚中文教学成为一种了解澳大利亚公民和世界的方法。在中文课堂上，不同文化在同一学习空间里被看到、听到和讨论。对于拥有众多文化和民族的澳大利亚社会，中文课堂将成为以中文为主但提供其他文化平等交流的平台，这一点尤其重要。因为它不但可以助力消除澳大利亚语境中对中国的负面印象，还可以拓宽中文教学的界面。"中国即方法"帮助澳大利亚学生看到文化上的他者，最大限度地减少或消除澳大利亚的种族主义，促进真正的社会和谐与安宁。

4 结语

限于篇幅，本文大致概述了全球化背景下澳大利亚小学中文教育的现状及一些研究成果，再创造性地将中国道家哲学概念和西方的方法组装论结合起来，作为研究的认知论。笔者通过不同的知识流类型，发现"中国"在澳大利亚的语境下被象征性地解构和组装为一个混合体（hybrid assemblage）。学生对中国的片面认知，需要得到对外中文教学的重视。如果不加以澄清、适当验证和引入批判性思考，有限的课堂教学可能会将"讲好中国故事"流于表面，以讹传讹。笔者提出由道家启发的"如水式批判教学法"可以有效地拓宽中文教学的整体思路，为积极传扬中国语言和文化做出贡献。另外，从"中国即方法"的角度，中文教学不但是语言教育，同时也是衔接中文、中国和世界的有效手段，进一步助力学生的澳大利亚身份认同，同时培养他们拥有国际公民意识。

参考文献

Australian Bureau of Statistics, 2022. Overseas migration[EB/OL]. (2022-12-16). https://www.abs.gov.au/statistics/people/population/overseas-migration/latest-release.

Australian Curriculum, 2021. Asia and Australia's Engagement with Asia[EB/OL]. (2021-01-27). https://www.australiancurriculum.edu.au/f-10-curriculum/cross-curriculum-priorities/asia-and-australia-s-engagement-with-asia.

Australian Government, 2012. White paper: Australia in the Asian century[R]. Canberra: Australia in the Asian Century Task Force.

Dooley K, 2009. Intercultural conversation: building understanding together[J]. Journal of adolescent & adult literacy, 52(6): 497-506.

Giddens A, 1999. Lecture 1: globalization[EB/OL]. (1999-04-07). http://news.bbc.co.uk/hi/english/static/events/reith_99/default.html.

Grant A, 2019. Dare to be a wolf: embracing autoethnography in nurse educational research[J]. Nurse education today, 82: 88-92.

Gupta A K, Govindarajan V, 2000. Knowledge flows within multinational corporations[J]. Strategic management journal, 21: 473-496.

Law J, 2004. After method: mess in social science research[M]. London: Routledge.

Lin C, Wu J C, Yen D C, 2012. Exploring barriers to knowledge flow at different knowledge management maturity stages[J]. Information & management, 49(1): 10-23.

Lin F R, Lin S C, Huang T P, 2008. Knowledge sharing and creation in a teachers' professional virtual community[J]. Computers & education, 50: 742-756.

Mizoguchi Y, 2016. China as Method[J]. Inter-Asia cultural studies, 17(4): 513-518.

Moon S, 2015. Wuwei (non-action) philosophy and actions: rethinking "actions" in school reform[J]. Educational philosophy and theory, 47(5): 455-473.

Nonaka I, 1994. A dynamic theory of organizational knowledge creation[J]. Organization science, 5(1): 14-37.

Orton J, 2016. Issues in Chinese language teaching in Australian schools[J]. Chinese education and society, 49(6): 369-375.

Qi X, 2011. Paradoxical integration: globalised knowledge flows and Chinese concepts in social theory[D].

Qi X, 2012. A case study of globalized knowledge flows: Guanxi in social science and management theory[J]. International sociology, 27(6): 707-723.

Qi X, 2013. Intellectual entrepreneurs and the diffusion of ideas: two historical cases of knowledge flow [J]. American journal of cultural sociology, 1(3): 346-372.

Qing X, 2008. The culture relativity in the knowledge flow: an integrative framework in the Chinese context[J]. Chinese management studies, 2(2): 109-121.

Taylor L, Korolev A, 2025. Australian alternative media and its impact on Australians' views of China [J/OL]. Journal of Australian studies. (2025-01-08). https://www.tandfonline.com/doi/full/10.1080/14443058.2025.2449705.

Urry J, 2007. Mobilities[M]. Cambridge: Polity Press.

Yeh Y C, Huang L Y, Yeh Y L, 2011. Knowledge management in blended learning: effects on professional development in creativity instruction[J]. Computers & education, 56: 146-156.

Zhang C, 2024. Chinese language and culture education: representation, imagination and ideology in Australian schools[M]. London, New York: Routledge.

Zhuge H, 2012. The knowledge grid: toward cyber-physical society[M]. 2nd ed. Singapore: World Scientific Publishing.

作者简介

张春燕，澳大利亚墨尔本花园小学课程开发研究者。主要研究领域：中文为第二语言教学、儿童早期和小学教育、全球化知识流动、中国方法论、国际公民教育和教师身份认同。电子邮箱：Chunyan.Zhang@education.vic.gov.au。

（责任编辑：周杜娟）

中国科幻电影在大洋洲的传播研究

翟异煊 蔡悦

摘 要：科幻电影作为中国故事的重要载体，承担着"中国文化走出去"的重任。大洋洲目前是中国科幻电影海外传播的核心区域，但相关研究却并不充足。通过对《流浪地球》系列、《独行月球》等典型案例的拆解，本研究发现中国科幻电影在世界观打造、技术支撑与跨媒介营销方面存在多重壁垒，这些问题在一定程度上阻碍了中国科幻电影在大洋洲的传播。未来中国科幻电影可以通过世界观更新、想象力超越与营销模式升维等策略，为中国科幻IP在英语世界的传播开创新的格局。

关键词：中国科幻电影；海外传播；《流浪地球》；《流浪地球2》；《独行月球》；大洋洲传播

A Study on the Dissemination of Chinese Science Fiction Movies in Oceania

Yixuan Zhai and Yue Cai

Abstract: As an important carrier of Chinese stories, science fiction movies bear the important responsibility of "Chinese culture going global." Oceania is currently the core region for overseas dissemination of Chinese sci-fi movies, but the relevant research is not sufficient. Through the analysis of typical cases such as the *The Wandering Earth* series and *Moon Man*, the study found that there are multiple barriers to their overseas distribution in terms of worldview creation, technical support, and cross-media marketing, which to a certain extent have hindered the entry of Chinese sci-fi movies to Oceania. In the future, Chinese sci-fi movies can open a new pattern for the dissemination of Chinese sci-fi IP in the English-speaking world through the strategies of worldview updating, imagination transcendence, and marketing mode upgrading.

Keywords: Chinese science fiction movies; overseas dissemination; *The Wandering Earth*; *The Wandering Earth II*; *Moon Man*; dissemination in Oceania

随着《流浪地球》《独行月球》《流浪地球2》的接连推出，科幻电影逐步成为中国电影海外传播的重要名片。当前学界、业界关于"科幻"的概念界定并未达成一致。例如在电影介绍栏，一些"玄幻""魔幻"影片也常常打上"科幻"的标签。陈旭光对科幻电影的定义是，在科学或者伪科学基础上建构世界，并拥有一套可以自主运行的世界观，在这个区别于现实的幻想世界之内，主人公可以探索未知（陈旭光 等，2021）。也有学者按照影片中"科学"与"幻想"的占比情况，将"科幻电影"划分为"硬科幻"与"软科幻"（或称"亚科幻"）（苏丹，2022）。本文研究的"科幻"，指的是基于科学的幻想，以"科学"与"技术"为关键词（沈国芳，2005）。科幻电影不仅仅是"科学元素"的简单堆砌，或者脱离"科学原理"的"不受限制的"幻想。因此，本研究以《流浪地球》《独行月球》《流浪地球2》这类"硬科幻"电影为中心。在与国际上其他科幻电影对比研究时，也首选"硬科幻"电影。漫威"超级英雄"系列影片，虽然在宣发时被打上"科幻"标签，但"奇幻感"远超"科幻感"，并不进入本研究的视野。

据统计，2020年至2022年10月，共有389部中国电影在澳大利亚上映。① 在2019年—2022年，澳大利亚、新西兰年度票房前200的电影中，分别有69、20部中国电影。② 由此可见，大洋洲已成为中国电影海外传播的核心区域之一。但当前相关研究却不充足，实证研究更是寥寥。本研究以真实的票房数据和大洋洲主流媒体、影评人及受众反馈为基础，尽可能地为学界、业界提供全景式观察视角，梳理中国科幻电影大洋洲传播的现状与问题，厘清下一阶段中国科幻电影在大洋洲传播的思路。

1 "单帆独往"到"比翼齐飞"：中国科幻电影的大洋洲传播现状

近年来，中国科幻电影接连在大洋洲上映。不仅《流浪地球》《独行月球》《流浪地球2》等"硬科幻电影"获得了较大的关注，"亚科幻电影"《疯狂的外星人》《外太空的莫扎特》也获得了不同程度的曝光。是"表面繁荣"还是"科幻崛起"，首先需要对中国科幻电影在大洋洲传播的真实现状进行描摹。

想要切入对这一问题的探讨，首先需要界定研究的地区、选片以及海外接受群体。在地区选择上，研究以澳大利亚、新西兰为核心代表地区，尽可能全面、真实地还原中国科幻电影在大洋洲传播的现状。在选片上，需要既符合"中国科幻电影"的定位，同时影片在大洋洲也要具有一定影响力（票房、讨论度、口碑等）。在海外接受度考察上，拒绝对"对他人想象之想象"，以真实的票房、评分等官方

---

① 数据来源于Numeo（读取日期：2022年10月5日）。

② 数据来源于Numeo（读取日期：2023年1月1日）。

数据为参考，兼顾主流媒体、影评博主、普通受众等多个维度（高凯 等，2022）。除此之外，前人在探讨中国电影海外传播情况时，还会将参加国际华语电影节、获奖情况等纳入考察视域（张海燕，2021）。基于此，本研究将从政策扶持、参展与获奖、"数据与声音"三个维度，尝试对中国科幻电影的大洋洲传播现状进行描摹。

政策扶持，是中国科幻电影在大洋洲传播的第一股"顺风"。《流浪地球》在海内外的火爆，也引发了各界对科幻电影的关注。2019 年也成为很多影迷心中真正的"中国科幻电影元年"，据统计，当年立项的科幻电影（包括院线及网络）高达 280 部。[①] 2020 年，国家电影局与中国科协印发《关于促进科幻电影发展的若干意见》（又称"科幻十条"）。

中国科幻电影的参展与获奖，在大洋洲造势，让"中国科幻品牌"初显锋芒。电影节作为全球电影产业交流的重要方式之一，不断促进电影工作者之间的交流合作，也为电影贸易与发展提供了重要的平台，是促进中国科幻电影大洋洲传播必不可缺的一环。本研究主要考察国际 A 类电影节、大洋洲本土电影节以及在大洋洲开办的华语国际电影节上，中国科幻电影参展、提名情况（见表 1）。目前，虽然中国科幻电影参加各类电影节，但仅有一些被提名，暂无奖项斩获。中国科幻电影还处于成长期，并未形成强有力的文化品牌、获得更多的国际关注。

表 1 中国科幻电影在大洋洲提名、获奖与参展情况

影片名称	电影节名称	提名	获奖/提名时间	参展情况	参展时间
《流浪地球》	澳大利亚电影与电视艺术学院奖	最佳亚洲电影提名	2019 年 10 月	2021 中国电影周	2021 年 5 月 28 日至 6 月 3 日
《再说一次我愿意》	澳大利亚科幻电影节	提名	2021 年 10 月	/	/
《Gary》	澳大利亚科幻电影节	提名	2021 年 10 月	/	/
《红豆》	澳大利亚科幻电影节	提名	2021 年 10 月	/	/
《生命之歌》	澳大利亚科幻电影节	提名	2021 年 10 月	/	/
《柠檬·牛奶》	澳大利亚科幻电影节	提名	2021 年 10 月	/	/
《强度测试》	澳大利亚科幻电影节	提名	2021 年 10 月	/	/

（数据来源：根据多个电影节数据整理所得）

"数据与声音"，是大洋洲受众最真实的反馈。数据和文字评论可以勾勒、还原中国科幻电影在大洋洲传播的真实境遇。本研究选用 The Number、IMDB 平台数据来探查大洋洲的大体倾向。2019—2023 年，中国共有 5 部科幻电影在大洋洲院线上映，具体传播情况见表 2。总体来看，硬科幻电影的票房表现及口碑要高于软科幻电影，《流浪地球》系列两部票房口碑均不俗，有形成"中国科幻品牌"的趋势。

---

① 资料来源于新京报（读取日期：2022 年 10 月 11 日）。

表2 2019—2023年中国科幻电影大洋洲传播情况

排名	影片名称	类型	上映时间	大洋洲票房（美元）	国内票房（人民币）	烂番茄评分（影评人/观众）	IMDB评分	大洋洲发行方
1	《流浪地球2》	硬科幻	2023年	232.0万	40.25亿	78%/97%	7.9	华人影业
2	《流浪地球》	硬科幻	2019年	142.6万	46.88亿	70%/48%	5.9	华人影业
3	《独行月球》	硬科幻	2021年	23.5万	31.02亿	/	6.5	怪物娱乐
4	《外太空的莫扎特》	软科幻	2022年	2,084	2.23亿	/	4.5	怪物娱乐
5	《疯狂的外星人》	软科幻	2019年	303	22.13亿	/	/	/

（数据来源：根据The Number、灯塔专业版以及多个电影节数据整理所得。因没有官方途径可以查找大洋洲总票房，因此此表统计的是澳大利亚、新西兰票房总量，全文同。）

在2019—2022年世界科幻电影大洋洲票房排行榜中，中国科幻电影《流浪地球》强势入围前十名榜单，打破了美国科幻电影的"垄断"地位，见表3。根据烂番茄数据可知，《流浪地球》的专业影评人评分在十部影片中排名并列第五。这项数据在一定程度上反映了国外业界对于《流浪地球》的认可。在大洋洲电影市场，美国出品的科幻电影，因其完备的生产、发行产业链，占据垄断地位。而《流浪地球》将这种垄断撕开了一个"裂缝"，为后续中国科幻电影进入大洋洲市场开辟了道路。

表3 2019—2022年世界科幻电影大洋洲票房前十名

排名	影片名称	上映时间	大洋洲票房（美元）	烂番茄评分（影评人/观众）	IMDB评分	制作地区	大洋洲发行商
1	《侏罗纪世界3》	2022年	2,769.7万	29%/77%	5.7	美国	环球影业国际
2	《沙丘》	2021年	1167.7万	83%/90%	8.0	美国	华纳兄弟影业
3	《阿丽塔：战斗天使》	2019年	841.8万	61%/92%	7.3	美国	20世纪福克斯国际
4	《大黄蜂》	2019年	812.8万	91%/74%	6.7	美国	派拉蒙国际影业公司
5	《失控玩家》	2021年	716.9万	80%/94%	7.1	美国	华特迪士尼影业
6	《黑衣人：全球通缉》	2019年	801.6万	23%/66%	5.6	美国	索尼影业娱乐
7	《终结者：黑暗命运》	2019年	690.6万	70%/82%	6.2	美国	华特迪士尼影业集团
8	《黑客帝国：矩阵重启》	2021年	657.7万	63%/63%	5.7	美国	华纳兄弟影业
9	《星际探索》	2019年	455.5万	83%/40%	6.5	美国	20世纪福克斯国际
10	《流浪地球》	2019年	142.6万	70%/48%	5.9	中国	华人影业

（数据来源：根据The Number与多个电影节数据整理所得）

本研究除了对数据的关注、分析，也收集了来自大洋洲的影评之声，尽可能全面地涉及大洋洲电影界业内人士、专业影评人、学者型观众以及普通观众的观点，尝试利用多元的声音还原真实的评论场。通过大洋洲媒体发表的关于《流浪地球》《独行月球》《流浪地球2》的评论，来推测中国科幻电影在大洋洲的真实境遇。研究者也通过邮件请教了悉尼大学电影相关专业的三位学者对于上述影片的看法，①仅得到其中一位"没有看过，看后会回复；但看过王家卫导演的电影，如果做相关研究可以联系"的反馈，可推测三位大洋洲电影专业学者对中国科幻电影关注度不高。视线转移向行业内观众，研究者在"澳大利亚电影电视协会"的社交媒体社群，向大洋洲行业内观众询问对《流浪地球》系列及《独行月球》的看法，但仅收到"没看过，但你提到了我可以去看看""对张艺谋导演的作品或动作电影比较了解"等回复。比起因文化折扣而产生的批判与误读，"中国科幻电影"处于视觉盲区，没有形成影响力和竞争力。大洋洲的影评人对《流浪地球》系列不是一味地赞美或者批判，如表4所示，他们重点关注"故事与技术"问题。

表4　关于《流浪地球》系列的大洋洲影评

影片名称	网站	影评人	标题	主要观点
《流浪地球》	Roger Ebert	Simon Abrams	《流浪地球》 *The Wandering Earth*	导演郭帆和他的编剧团队将刘慈欣的原著小说与美国科幻灾难片《后天》等的元素融合在一起，但在视觉特效与影片情感上，本片区别于西方的其他同类电影，是一部伟大而独特的中国科幻电影。本片实现了这个看起来很昂贵的视觉效果，在此之前只有好莱坞电影制片人詹姆斯·卡梅隆和史蒂文·斯皮尔伯格做到过。
	Flicks	Travis Johnson	《中国大片〈流浪地球〉可能是2019年最好的科幻电影》 Chinese blockbuster *The Wandering Earth* might be the best sci-fi movie of 2019	《流浪地球》展示了一个宏大和美丽的科幻创意和概念，但是有一些CGI不太逼真，感觉就像前数字时代使用的哑光画。电影中的人物关系与人物弧线也并不复杂。此外，本片单独面向澳大利亚的华人群体宣传。
《流浪地球2》	Roger Ebert	Simon Abrams	《流浪地球2》 *The Wandering Earth II*	《流浪地球》及其续集都是华而不实的，是一部脆弱的、本质上是老式的太空歌剧。
	Flicks	Travis Johnson	《〈流浪地球2〉带来了科幻奇观，但缺乏重点》 *The Wandering Earth II brings sci-fi spectacle but lacks focus*	《流浪地球2》在画面上的制作十分惊人，但包含了太多情节，没有看过前作的人可能会感到疏离，对现存粉丝来说，《流浪地球2》更像是一个有趣的配套作品，而不是一部必须观看的作品。

（数据来源：高凯 等，2022。影评人 Simon Abrams 对《流浪地球》的评价在《流浪地球2》上映后发生了改变。）

目前，国内取得较好票房成绩的中国科幻电影基本都在大洋洲上映，但票房、奖项上暂未取得亮眼成绩。截至目前，除了《流浪地球》系列表现抢眼，其他影片相对"沉寂"。中国科幻尚未形成强有力的IP品牌号召力，不足以全面打开大洋洲

---

① 三位学者分别在电影理论、实践方面有所建树。

的科幻电影市场。

2 中国科幻电影在大洋洲传播与接受的多重壁垒

2.1 世界观打造："契约未成"背景下的想象力释放

科幻电影需要通过打造世界观为故事展开建立稳定的内核，具有"生命力"的世界观是科幻电影可持续发展的重要燃料。主题的表达、叙事的展开都需要基于世界观的设定，通过人物及其行动展现。科幻电影的世界观，是基于不同物理环境、道德、文化、心理前提下的人对世界的认识（徐梦娜，2020），是想象力的空间化呈现与意识形态体系的具象化（陈旭光 等，2021）。想象力的释放并非随心所欲，而需要在与观众缔结的契约之下施行。科幻电影需要通过想象力驱动世界观运转，世界之内的元素需要加以配合，才能让观众愿意与影片缔结契约（陈旭光，2022），相信世界观的真实存在，这是代入剧情乃至沉浸故事世界之中的一个前提条件。

由于海外传播的特殊性，海外观众相对国内观众一定程度上更难缔结契约框架。《流浪地球》系列的导演郭帆在采访中表示，这部影片没有考虑其他任何国际市场或者国际观众，先服务中国观众。①《流浪地球》的核心创意来源于中国文化，是中式风格内敛含蓄的世界观展现，其对于对中国文化没有深刻了解的外国人来说，可能会导致缔结契约的困难。正如表4中影评人 Travis Johnson 所言，《流浪地球》仅面向澳大利亚华人进行宣传，非华人群体需要花点工夫才能了解到这部影片。

《流浪地球》这类的系列巨作，可以通过系列作品的推出不断完善、建构自己的宇宙。类似《独行月球》这种单篇科幻电影，同样需要在有限的篇幅里架构一个令人信服、有吸引力的世界观。

2.2 技术支撑：高昂成本下的视觉奇观

在科幻电影中，需要技术为世界观运行与想象力实现提供保障。从《流浪地球》到《独行月球》《流浪地球2》，影片的制作技术不断升级。但因为国产硬科幻影片量的不足，并没有低成本、高效率的一系列"服化道"生产流程。

虽然《流浪地球2》有《流浪地球》留下的数字资产元素，但仍显不足。在电影工业化体系未完全进化的当下，技术推动想象力实现的进程将受到不小的阻碍，制作科幻电影无疑成为一场"豪赌"。同时，技术带给观众的沉浸是初阶的，但一切应以服务故事为根本目的，不能喧宾夺主。

---

① 资料来源于新华社（读取日期：2022年9月30日）。

2.3 营销沉寂：懵懂沉睡中的消费潜力

如果说世界观呈现出来的是更高阶的"文化窒碍"，那在营销环节的"语言窒碍"则是较为初阶的。除《流浪地球》在奈飞（Netflix）上线的版本拥有多国语言配音以外，其他海外版本还均以"普通话加英文字幕"的方式发行。但与中国影院不同之处在于，以 Event cinemas、Hoyts、Village 为首的澳大利亚本土电影院，其大部分影片还是以英语配音加无字幕的方式放映。当观众有字幕需求时，他们会提供额外的封闭字幕设备进行字幕支持。此外，通过分析这两部电影的评论也可以发现，配音问题被海外观众多次提及。例如，用户 Robin Daverman 提到，"流浪地球不是一部有着英语配音的电影，所以在观看时需要阅读英文字幕；因此，除非观众看惯了外语电影，否则是十分痛苦的。"[①] 而在海外热门视频网站上发布的《独行月球》预告片，也全为中文配音，且大部分都没有添加英文字幕；在评论区可以看到"请用英语配音"等评论。由此可见，除了华人群体，其他海外观众会受到不同程度的语言窒碍，使得对科幻世界的体验感大打折扣。

如前文的表 2 所示，中国科幻电影在大洋洲发行主要由华人影业与怪物娱乐承担。中国科幻电影除了影院的海报外，英文版宣传物料与宣传报道相对较少，没有充分地针对大洋洲市场进行差异化的营销。研究者在《独行月球》上映期间，在多个大洋洲影视社群询问影视爱好者对《独行月球》的看法，提问几乎都被忽略，偶有回复"等我去看看"便再无下文。综合表 2、表 3 的数据，大洋洲观众通过科幻电影满足想象力消费需求时，并不会首选"中国制造"。虽然国内有相关政策支持，但并不能成为中国科幻电影冲向包括大洋洲在内的海外市场的强大动力。

《流浪地球 2》上映后，二创产品销量不俗，周边众筹破亿。但在大洋洲却没有开通购买渠道，澳大利亚版亿贝（eBay）平台上有中国卖家销售，销售额最高的单品仅有 21 人下单。[②] 2023 年 1 月 22 日，《流浪地球》手游首次在国内预告，但目前在大洋洲并未查到相关宣传物料。由此可见，因为营销的"不给力"，传播渠道不通畅，大洋洲观众的想象力消费潜力还有很大的开拓空间。

3　更新·超越·升维：中国科幻电影大洋洲传播的未来路径

除了自身创作的短板，"刻板印象"这座大山也需要无数优秀中国科幻电影作品来完成"愚公移山"。尽管近年来《流浪地球》系列、《独行月球》等科幻佳作在国内取得了不俗的成绩，但关于如何避免"自嗨"、打通国际传播渠道形成"群

---

① 资料来源于 Quora（读取日期：2022 年 9 月 30 日）。
② 资料来源于澳大利亚版亿贝平台（读取日期：2023 年 4 月 2 日）。

"嗨",本研究尝试从世界观更新、想象力超越与消费模式升维三方面展开论述,探索中国科幻电影如何突破重重壁垒,将优质内容"零损耗"地传递给包括大洋洲受众在内的海外受众群体。

3.1 世界观更新:全球在地化转向

全球在地化,在电影领域体现为"全球化"与"在地化"双向互动(梁君健等,2022)。中国科幻电影想要真正打通大洋洲传播路径,减少"逆风"之阻,需要做好全球本土化。不仅要保留自有文化特色,也要兼顾异地文化偏好,做好与本地的互动。在打造故事世界观的时候,科幻作品应从中国本土文化出发,以国际视野为框架,以在地文化为导向。尽可能地降低观众先入为主的"这是一部与我文化差异很大的外国影片"的观念,以高质量的内容回报观众期待,积攒品牌口碑。产品在地化的常见策略之一就是,融入目标地的文化符号,打上专属的地方文化印记。例如,在《疯狂动物城》发行到不同国家时,主播角色不同:在中国上映时主播是熊猫,在大洋洲时主播则是考拉。当然,这也仅是停留在表层元素设定,并非从世界观出发,深挖深层文化。

《流浪地球2》在世界观打造方面,对《流浪地球》及《独行月球》进行了超越,用文化内核魅力替代表层的文化元素堆砌。文化从"直接输出"转为"间接输出",通过"为全人类生死存亡之际的抉择提供中国方案"来彰显。中国科幻电影目前还是先扎根本地,再放眼全球,在走稳国内市场后,海外华人市场或将成为第二核心基地。

值得一提的是,刘慈欣于2015年凭借《三体》斩获世界科幻文学最高奖项之一——第73届"雨果奖",这是"中国科幻"在国际舞台的一次重要亮相,也为《流浪地球》系列积累了一批"原始粉丝"。在澳大利亚版亚马逊(Amazon)平台上《流浪地球》小说的评论区可以看到,60%的读者给出了5星的评价,29%的读者给出了4星,给出3星及3星以下的读者只占总百分比的11%。[①]澳大利亚读者Jacques Gao表示,"这本书刚开始写的时候并不是为英语观众所准备的,但多亏了刘的解释,连里面的一些笑话都变得平易近人了。"澳大利亚读者Mark表示,"刘慈欣的作品是以中国为中心构建一个宇宙观,相比盛行在北美或欧洲的科幻小说,《流浪地球》带来了令人耳目一新的变化。"同样有读者在看过原著后,表示会找到影片来观看。这些都体现了世界观层面的全球在地化转向,通过如此这般的"文化互嵌"与观众达成契约,为影片吸引更多观众。

---

① 资料来源于澳大利亚版亚马逊平台(读取日期:2023年4月10日)。

3.2 想象力超越：工业化与类型融合

一直以来，科幻文化生产一直为西方世界所垄断。当前，中国科幻文化也存在创造力、传播力与影响力三者间的失衡问题（吴福仲 等，2020）。中国科幻生产的工业化进程不断推进，为想象力超越提供技术保障。相对于《流浪地球》和《独行月球》，《流浪地球 2》在技术上也有一些超越，获得了海外观众的热烈反馈。例如，《独行月球》导演张吃鱼表示，宇航服的轻量化材料，在好莱坞有专门的研发部门，而国内是没有一套完整的生产流程的。在"服道化"制作方面，并没有更多的前期积累经验去参考（张吃鱼 等，2022）。

此外，还可以通过类型融合来进行想象力超越。三部作品的主类型均是科幻，但次类型却不尽相同。例如，《独行月球》将"科幻"与"喜剧"融合，本质上是物理逻辑与情绪逻辑的平衡（张吃鱼 等，2022）。类型融合策略，使用得当将扩大影片目标受众群体，提供给观众期待之外的精彩。

3.3 营销模式升维：渠道打通与品牌打造

中国科幻题材电视剧《三体》在海外的热播，或能与中国科幻电影形成合力，共同打造"中国科幻品牌"。《三体》的发行就是要打好"自有+本土"的组合拳，在 WeTV（腾讯视频海外版）大洋洲地区和海外热门视频网站上同步更新。同时，也可以借助合拍片打开渠道，逐步扩大、完善自有的发行渠道。

有效的营销应该是"在场"的，不能简单粗暴地将市场切分为国内与海外。目前国产电影的海外传播策略还是以海外华人观众为基本盘，再冲击更广阔的国外市场，这就更需要注重大洋洲的本土化营销，帮助大洋洲观众在心理层面从"陌路人"过渡为"自己人"。除了在海外热门视频网站上宣传之外，也可以在大洋洲本地人喜欢的各个社交平台上，利用当地媒体账号（包括关键意见领袖和关键意见消费者）进行物料的投放。在营销物料的选择上，也应适当适应本土传播习惯，融入本地的元素。

无论是《流浪地球》系列、《独行月球》还是《三体》，背后都有专业的科学顾问团队，为"中科科幻品牌"的建立持续保驾护航。例如，《流浪地球 2》配备了19 名科学顾问，涵盖了航空航天、天文、物理、人工智能等多个领域，从科幻逻辑架构到科技道具功能，对影片的科学设定进行细化和"纠偏"。王元卓提出，科学顾问的工作是让电影中的"硬核科技"更加合理和可信。[①] 优秀的作品不断为"中国科幻品牌"积攒口碑，也为后续科幻影视作品进入大洋洲打通了通道。除了

---

① 资料来源于中国税务报（读取日期：2023 年 3 月 20 日）。王元卓为中国科学院计算技术研究所研究员，是《流浪地球 2》科学顾问团队成员之一。

科幻影视作品，同样要关注IP改编游戏、IP衍生品等；《流浪地球2》上映后8天，周边众筹超过1亿元。[①]IP的可持续性开发与运营，同样关乎中国科幻生态。

4 结语

总体来看，中国科幻电影尚未形成全球化的品牌影响力。即使是在国内口碑票房双丰收的《流浪地球》系列，在大洋洲市场影响力的比较中，与美国科幻电影仍有一定差距。未来，中国科幻电影可以从世界观更新、想象力超越、营销模式升维等方面迭代升级，在故事层面实现全球在地化转向，技术层面达到工业化与类型融合，IP打造层面打通渠道形成合力，以大洋洲为第一站，走好中国科幻品牌出海之路。

参考文献

陈旭光，2022. 中国科幻电影需要什么样的"想象力"——论"想象力消费"视域下的《沙丘》[J]. 世界电影（1）：23-33.

陈旭光，薛精华，2021. 论中国科幻电影的想象力与"想象力消费"[J]. 电影艺术（5）：54-60.

高凯，李本乾，2022. 中国电影海外传播内容特征与国家形象建构——结合北美主流媒体影评的考察[J]. 未来传播（1）：102-111+130.

梁君健，苏筱，2022. 从宝莱坞到流媒体：印度电影的"全球在地化"实践[J]. 当代电影（3）：79-87.

沈国芳，2005. 观念与范式——类型电影研究[M]. 北京：中国电影出版社.

苏丹，2022. 当代华语科幻电影的类型流变与类型融合[J]. 电影文学（3）：63-68.

吴福仲，张铮，林天强，2020. 谁在定义未来——被垄断的科幻文化与"未来定义权"的提出[J]. 南京社会科学（2）：142-149.

徐梦娜，2020. 中国文化视角下的科幻世界观——电影《流浪地球》的故事与情感[J]. 电影新作（2）：127-131.

张吃鱼，刘藩，冯茜，2022.《独行月球》：科幻喜剧的探索与创新——张吃鱼访谈[J]. 电影艺术（5）：84-91.

张海燕，2021. 探究中国当代影片海外传播情况——基于电影节和电影播放数据的实证分析[J]. 电影文学（12）：34-38.

作者简介

翟异煊，中南林业科技大学涉外学院传媒与艺术设计学院助教。主要研究领域：影视传播。电子邮箱：441021584@qq.com。

---

① 资料来源于赛凡科幻空间官方微博（读取日期：2023年3月19日）。

蔡悦（通讯作者），澳门科技大学国际学院创意写作专业博士研究生，四川电影电视学院新媒体学院兼职教师。主要研究领域：影视传播。电子邮箱：caiyue0209@foxmail.com。

（责任编辑：江璐）

蒂姆·温顿的工人阶级男性气质"新型"怀旧书写

王福禄

摘　要：平民家庭出身和工人阶级社区的成长经历使蒂姆·温顿对澳大利亚传统工人阶级男性气质表现出强烈的怀恋，这种怀恋有别于传统田园小说对现实的一味抵触和逃避，以及对过去生活的感伤、渴望。温顿对男性气质怀旧书写之"新"不仅体现在怀旧的对象，还包括怀旧的呈现模式——批判性的态度，流露出他本人变革传统男性气质的意愿。本文从体力或传统工艺、不屈的精神和伙伴情谊三个方面，论述温顿对传统工人阶级男性气质的"新型"怀旧书写，有助于把握时代转型背景下澳大利亚社会阶层的变化形态，了解当下澳大利亚主流社会的民族心理。

关键词：蒂姆·温顿；工人阶级男性气质；社会阶层；怀旧

Tim Winton's New Nostalgic Writing of Australian Working-Class Masculinity

Fulu Wang

Abstract: Growing up in a working-class family and community makes Winton feel strong nostalgia for Australian working-class masculinity, which is different from the blind resistance against and the escape from reality of traditional pastoral novel, as well as the sentimental longing for the past life. Winton's new nostalgic writing of traditional working-class masculinity consists more in the mode than in the object of nostalgia, namely, the critical attitude, revealing his own willingness to reform traditional masculinity. This paper aims to explore Winton's new nostalgic writing of traditional working-class masculinity from three aspects, that is physical strength or traditional craftsmanship, the unyielding spirit and mateship, which are conducive to understanding the changing state of Australian social strata and national character in the transitional era.

Keywords: Tim Winton; working-class masculinity; social strata; nostalgia

1 引言

　　蒂姆·温顿（Tim Winton）热衷于将男性气质危机与澳大利亚工人阶级的集体困境结合起来，探索工业变革对生产关系、工人阶级生活方式和价值观念的影响。在他的小说中，男性人物对工人阶级男性气质的态度经历着历时变化。比如，他们通常来自普通平民家庭，生活在以工人阶级聚集的社区中，经受着时代变革带来的精神困惑和身份危机。为摆脱危机，他们通常沉浸在过去的记忆中，抑或是前往内陆的丛林和海边冒险，流露出对传统工人阶级生活方式和价值观的怀恋。法国批评家撒西亚·本–马塞尔（Salhia Ben-Messahel）指出，温顿的小说主题包括对过去的感伤、渴望，对人物福祉相关时空的怀恋。他的人物倾向于回顾过去和失落的理想，哀悼时光流逝对乡村和工人阶级文化的影响（Ben-Messahel，2006：74）。无独有偶，澳大利亚批评家罗伯特·迪克森（Robert Dixon）在评价《云街》（*Cloudstreet*，1991）这部小说时也指出，"温顿的小说明确地表现出对前美国、前现代和20世纪60年代前的故地、澳大利亚乡音和文化的怀旧"（Dixon，2005：257）。

　　马塞尔与迪克森揭示出温顿作品的怀旧主题。不同的是，迪克森对怀旧作了进一步的分析。在他看来，"怀旧就本质而言是保守的；它偏爱过去胜过未来；它对现代性至多是含混的；它偏爱地方和传统胜过全球"（Dixon，2005：257）。联系温顿的成长经历和作品主题，可以肯定迪克森作为一名批评家的洞察力。不过，迪克森通过探讨怀旧而将温顿定性为"保守"和"反现代"作家似乎失之偏颇。2016年，澳大利亚迪肯大学教授琳·麦克雷登（Lyn McCreeden）对迪克森的评价表示质疑，认为迪克森使用的术语让人联想起"反宗教的世俗主义话语"（McCreeden，2016：76）。麦克雷登借用近二十年来比较热门的术语"后世俗主义"（post-secularism），探讨了温顿作品中的宗教、神圣性和精神性书写，指出这种书写超越个人和主观的精神性内涵（McCreeden，2016）。麦克雷登从宗教的视角驳斥了迪克森对温顿创作的保守主义评价，揭示出温顿书写的现代性一面。

　　实际上，温顿书写的现代性不仅限于宗教方面，还隐含在对传统工人阶级生活的"新型"怀旧书写中。他笔下的男性人物虽然沉浸在过去的记忆，但并没有盲目地肯定过去或是反现代主义。事实上，他们对传统的价值观念作出了辩证的思考，并结合时代精神对此进行修正。本文从温顿小说中男性人物怀旧的三个对象入手，即体力或传统工艺、无畏的精神和伙伴情谊，分析温顿对澳大利亚传统工人阶级男性气质的追寻，揭示这些追寻背后隐含的修正主义思想。

2 体力或传统工艺

　　长久以来，体力被视为评判男性气质与否的重要标志。在前工业化社会，体力是男性生存能力和社会地位的体现。"沉重的体力工作需要力量、耐力、一定程度的麻木和粗鲁,以及集体的团结。在阶级剥削关系中,工业劳动强调男性气质的必要性。男性气质不仅一直是一种谋生的手段,也是宣扬男人优于妇女的工具"(康奈尔,2003:75)。体力一度被视为区别男女两性的典型标志,也被看作分辨工人阶级和中产阶级男性的重要参照。维克多·赛德勒(Victor J. Sedler)指出,"在白人工人阶级文化中,男性的身份通常是通过体力得以表现;那些看起来不够强壮的中产阶级男性被视为'不够男人'"(Sedler,2006a:75)。对工人阶级男性而言,传统工艺诸如采矿、伐木和建筑等行业是男性体力的转喻,也是展现男性气质的重要手段。此外,体力作为一种主要的谋生方式,决定着男性在家中的养家糊口者和社会中的贡献者地位。

工业革命见证了传统工艺和男性体力地位的衰落。伴随着高度自动化机器的推广,工人逐渐从传统的体力劳动中解放出来,无形中也失去了展现自我男性气质的媒介。资本主义的发展改变了生产关系和阶级进程,掌握技术的中产阶级男性逐渐取代那些依靠体力和工艺的传统工人,成为推动社会发展和变革的中坚力量。曾经在前工业社会中占据主导地位的"硬汉式"男性气质范式也随之没落。成长于政治文化剧变的时代,温顿对阶级变化和传统工人的男性气质焦虑表现出特别的敏感,并通过父子关系的变动表现出来。在他笔下,父子关系通常由儿子的回忆呈现,围绕着父亲使用过的具体物品或事件展开。这些物品和事件不仅见证着父子亲密关系的建构,也承载着温顿本人对传统工人阶级男性气质的态度。

短篇小说《我父亲的手斧》("My Father's Axe",1985)融合了传统现实主义和20世纪70年代的幻想主义(fabulism)手法(Watzke,1991),讲述了一对父子之间亲密关系的故事。小说围绕主人公父亲使用过的一把斧子展开。从符号学的角度看,斧子作为能指,主要指代一种劈柴的工具。在象征层面,它也代表了工人阶级传统。联系小说特定的地理文化背景,斧子也可被视为澳大利亚传统工人阶级男性气质的转喻。在这篇故事中,斧子既是解读主题的关键,也是推动故事发展的动力。故事开篇,主人公意外发现父亲的斧子不见了。"刚才我发现斧子丢了,我在屋里屋外、房前房后反复寻找,但没有找到"(Winton,2007:23)。为此,主人公询问自己的儿子和妻子。"詹米说他不知道斧子在哪,我相信他的话;他还不会劈柴。伊莱恩也没看到;她说,那是男人的事"(Winton,2007:23)。主人公儿子和妻子的回答赋予了斧子多重文化寓意。一方面,儿子詹米"不会砍柴"表现出儿子的年幼,同时暗示出澳大利亚工人阶级传统手艺存在失传的风险。另一方面,妻子伊莱恩说"那是男人的事"则展现出斧子的男性气质属性,让人联想起澳大利亚民族神话中手持板斧的丛林男性形象。

伴随内心的焦虑,主人公开始追忆父亲曾经用这把斧子砍柴并教他如何使用斧子的情景。"他告诉我如何劈柴,尽管我永远也学不会像他那样,他(挥动斧子展现的)悠长和有节奏的半圆形动作,就像一个芭蕾舞者跳舞前的预热"(Winton,2007:24)。主人公的回忆展现了传统工匠技能的代际传承,折射出传统工人阶级男性气质的延续。尽管主人公努力学习,但他始终不能像父亲那样娴熟和优雅地使用斧子。不过主人公对此并不在意,因为在他心中,只要父亲健在,传统手艺就绝不会消失。"父亲制作一些东西,也修理它们,我看到这一切,但是觉得没有学习的必要,因为我知道父亲总会在这里。如果我需要制作什么,抑或做什么事,父亲总会出现并保护我"(Winton,2007:25)。主人公的内心活动一方面表现出他对父亲的认同和尊敬,另一方面也暗示出传统技能的潜在危机,这种危机在斧子破损后被父亲成功修理得以进一步凸显。

对主人公而言,斧子不仅是一种工具,还是表现男性气质的媒介。比如,他回忆起父亲曾用斧子杀死一只老鼠,这一幕令他印象深刻。从那时起,他经常梦到父亲手持斧子拯救他于危险之中。"有一次我梦到房子着火了——就是我跟伊莱恩和詹米居住的房子——我深陷火海,头发和被子也被烧着了,这时父亲用斧子劈开门冲了进来,然后用他被火光映红的胳膊把我带出屋外"(Winton,2007:27)。无论现实还是梦境,斧子成就了父亲表现勇敢无畏的男性气质品质,彰显出他在家中的守护者和保卫者地位。联系澳大利亚的历史文化,父亲手持斧子的形象让人联想起19世纪八九十年代澳大利亚英裔白人民族神话中的丛林男性。当时,以亨利·劳森(Henry Lawson)和班卓·佩特森(Banjo Peterson)为代表的英裔白人作家和诗人创作了包括丛林人、赶牲畜的人和淘金者等典型环境下的典型人物,在民族主义不断高涨的时代背景下,这些人物被建构为澳大利亚民族形象的化身。在英裔澳大利亚白人的集体想象中,丛林男性曾经用斧子抵御荒野中未知的危险,也用斧子建立起如今这个高度城市化的国家。

父亲日渐衰老,他有意将斧子的使用技能传授给主人公。同之前一样,尽管主人公用心学习,仍旧不能令父亲满意,父亲眼中时常流露出失望的表情。父亲的失望展现出他对工人阶级传统难以延续的担忧,也折射出他自身的男性气质焦虑,这种焦虑从他拒绝使用现代设备可见一斑。"我尝试让我的父母像大多数城里人一样,对电暖气和电器厨具产生兴趣,但是父亲却对此表现冷漠"(Winton,2007:27)。父亲的态度表现出他对现代性的抵制,也暗含他对传统生活方式的坚守。他的行动似在表明:现代科技破坏了传统的生活方式,疏远了父子之间应有的亲密关系。正是由于这些现代设备,才导致儿子觉得没有必要学习使用斧子。美国作家罗伯特·布莱(Robert Bly)就现代工业对传统父子关系的破坏表达出独有的洞见:传统养育孩子的方式持续了几千年,这种方式也是维系父子亲密关系的媒介。比如父亲教儿子做生意,或从事农业、木匠、铁匠或裁缝等行当。这种父子之间爱的纽带被工业革命严重摧毁(Bly,1990)。布莱将父子关系的疏远归咎于现代生产关系的变革,虽然这一观点遭到诸多学者的批评,但也为理解时代转型背景下工人阶级的男性气质焦虑提供一种全新视角。

有趣的是，在使用斧子方面，主人公也对自己的儿子感到失望。"詹米足够大的时候，我教他使用斧子。他起初热情高涨，尽管表现得粗心大意。他经常把斧子边缘弄钝，令我愤怒不已"（Winton，2007：28）。对主人公而言，尽管斧子破旧不堪，但它承载着浓浓的父爱和过往美好的回忆，也担负着工人阶级的"伟大"传统。儿子对斧子的粗心态度就像一把利剑，一方面砍断了工人阶级传统文化的纽带，另一方面也摧毁了传统的父权体系。正如辛西娅·科伯恩（Cynthia Cockburn）指出，"伴随工人阶级内部旧结构的崩溃和统治手工业传统男权制关系的瓦解，年长者的权威，'青年'的服从，宗教生活的成年仪式以及最重要的对女性的排斥都消失了"（康奈尔，2003：50）。从詹米对斧子的态度不难发现，"变化是特定一代人的特征，尤其是那些渴望融入主流文化的人群中"（Sedler，2006b：4）。相比于眼花缭乱、令人炫目的现代技术，传统的体力和技能在詹米眼中显得毫无价值。同样，传统工人阶级的男性气质神话也褪去了它神秘的光环。

斧子的突然丢失令主人公心急如焚，间接导致他做了两个噩梦。在第一个噩梦中，父亲的头被斧子砍掉。"斧子缓慢地从柴火堆上滚动下来，将我父亲的头从肩膀上砍掉，他的头滚到了木柴堆上，消失不见。父亲的眼睛望向我，在头和身体分离的刹那怔住，眯着的眼中带有一丝失望"（Winton，2007：29）。从弗洛伊德的精神分析视角来看，主人公的噩梦可被视为内心压抑的潜意识的变形。梦具有高度的隐喻性，"梦本身并不重要，重要的是潜藏在梦中的想法"（阿德勒，2022：102）。从女性主义的角度看，斧子可被视为男性的生殖器官，斧子的丢失则意味着男性被阉割，这一幕折射出当今澳大利亚工人阶级的集体"阉割"焦虑。在第二个噩梦中，主人公的头被斧子砍掉。儿子詹米捡起主人公的头，用斧子将它劈成两半，并将其中的一半当作西瓜皮，踩在路面滑行，直到主人公的头被磨得支离破碎。与第一个噩梦一样，主人公在梦中经历的可怕场景也可被视为男性气质焦虑的表现。不同的是，在第一个噩梦中，主人公父亲的头无法确定被谁砍掉，凶手可能是主人公，也可能是别人。但在第二个噩梦中，砍掉主人公头的凶手显然指向了詹米。对比发现，两个噩梦既有联系，又有差别。

对主人公而言，第二个噩梦显然更令他惊恐，其中原因不仅在于詹米将他的头砍掉，还表现为詹米将他的头砍掉后的态度。在阿德勒看来，"梦就是在不对个体生活方式构成新的挑战的前提下，试图在个体生活方式与其当下问题之间架起的桥梁。生活方式是梦的主人，它总会激起个体所需要的特定情感"（阿德勒，2022：106）。詹米作为澳大利亚工人阶级的后代，无论是在现实还是梦境中，都漠视斧子的使用价值和文化价值，只将它当作游戏的玩具，这种态度和行为意味着澳大利亚工人阶级传统的完全断裂。此外，在梦中，詹米用斧子将主人公的头劈成两半也暗示出"误读传统"的可怕后果，即将斧子从砍柴的工具、自卫的武器转变成杀人不眨眼的利器，将血浓于水的父子亲情视如草芥。

为弥补斧子丢失所产生的内疚感和负罪感，主人公去五金店买了一把跟父亲斧子相似的新斧子。对他而言，新斧与其说是一种工具，毋宁说是一种纪念品，它的价值在于提醒主人公不要背弃传统。然而，当主人公满怀欣喜将新买的斧子带回家中，突然得知父亲刚刚离世的消息。父亲的死似在宣告传统工人阶级男性气质的终结。耐人寻味的是，故事并没有因此结束。在父亲葬礼的第二天，一个陌生男子带着他的儿子前来拜会主人公并向他致歉，原因是他的儿子偷了那把斧子。令这对父子惊讶的是，主人公并没有为此生气，而是默默回到房中拿了把新斧子出来，并将它递给那个偷斧少年。主人公将新买的斧子赠给少年这一举动寓意深刻，传达出他对澳大利亚工人阶级传统手艺代际传承的期待，也流露出他对传统工人阶级男性气质的认同。颇具戏剧性的是，陌生男子的反应也让主人公惊讶，并将整个故事推向了高潮。"什么——当我带着斧子走近时，男人的嘴张得很大，试着保护他的儿子"（Winton，2007：33）。陌生男子的本能反应呼应了之前主人公父亲保护主人公的行为，彰显出父爱的延续。

值得一提的是，主人公将新买的斧子赠给偷斧少年正值他父亲刚刚过世，这个时间节点赋予了斧子多重文化寓意。斧子成为联结过去、现在和未来的纽带，折射出温顿本人对澳大利亚工人阶级男性气质的肯定和怀旧心理。怀旧在此不仅是抒发对现实的不满，也是对现实的矫正，更是对未来的期待。在这部篇幅不长的故事中，温顿通过对斧子的转喻式书写揭示出男性气质的"未完成性"，暗示出男性气质就像后现代社会语境中的身份一样，永远处于建构状态。耐人寻味的是，男性气质的建构并不指向现在，而是以过去为参照，主人公对斧子的怀旧叙事恰好印证了这一点。朱迪丝·基根·加德纳（Judith Kegan Gardiner）对此作了精辟的论述，男性气质是一种怀旧性建构，它总是处于迷失、失去或即将失去的状态，其理想形式位于过去，伴随着每一代人的进步而退去，其目的在于当无法掌控自身时可以后退。它的神话基于这样的原则：抹除新形式可以修复一种自然的、原初的男性基础（Gardiner，2002：10）。

3 无畏的精神

对温顿笔下的男性人物而言，如果说怀旧展现了他们的男性气质焦虑，那么冒险则表现出他们为摆脱男性气质焦虑所做的尝试。在温顿的小说中，冒险基本分为两种类型，一种是在社会规训范畴内的冒险，另一种是逾越社会伦理和法律边界的冒险。两种冒险均展现出当下澳大利亚工人阶级男性面对社会变革时的焦虑心理，同时也呼应了丛林男性（澳大利亚传统工人阶级男性的化身）面对艰苦环境时展现的无畏精神。不同的是，丛林男性的无畏主要源于外在恶劣的生存环境，在长久与自然抗争过程中得以形成，温顿笔下男性人物的无畏则源于证明自我和获取他人身份认同的欲望。

在《浅滩》（*Shallows*，1982）中，温顿刻画出一位执迷于捕鲨的特德·贝尔（Ted Baer）的男性人物，后者希望通过捕鲨来展现自己的无畏精神。对贝尔而言，捕鲨并不是为了满足基本的生存需求，而是证明自己的男性气质身份。比如有一次，他将捕获的鲨鱼吊到架子上，任其腐烂，目的就是向小镇居民炫耀他的战绩。在贝尔眼中，鲨鱼这种凶猛的海洋生物被视为表演男性气质的媒介，也是彰显自己无畏精神的重要对象。他捕获鲨鱼的过程让人联想起《老人与海》中与马林鱼搏斗的桑迪亚哥（Santiago），似在重复男性不会被打败的硬汉神话。小说中，贝尔致力于捕获世界上最大的鲨鱼，无形中揭示了澳大利亚工人阶级的集体无意识，即对传统的不断超越。"充气船挣扎着开到上中海滩之前十分钟，特德·贝尔得意洋洋地到了小镇码头，船边绑了一条2,700磅的大白鲨。几分钟之内，码头和岸边都挤满了围观的人……今天晚上，安吉勒斯是世上最大鲨鱼的故地，值得庆祝一番"（温顿，2010：246-247）。

安吉勒斯小镇居民庆祝当地成为"世界最大的鲨鱼故地"，不仅折射出贝尔无与伦比的力量，同时展现出澳大利亚人对自然的强烈征服欲。对小镇居民而言，捕获世界最大鲨鱼的意义更多体现在文化价值，而非经济价值，因为它被视为澳大利亚人区别世界其他民族的标志。这种心理可以追溯至澳大利亚民族主义高涨的19世纪八九十年代，当时澳大利亚英裔白人在社会各领域中努力建构民族神话。比如，"1888年，墨尔本高达46米的商业中心大厦开始兴建，当地人喜欢称这座建筑是世界上最高的建筑"。不过，历史学家斯图亚特·麦金泰尔（Stuart Macintyre）道破了这座建筑"实际上应当是世界第三高的建筑"（麦金泰尔，2009：101）。澳大利亚作家默里·鲍尔（Murray Bail）在其1999年荣获迈尔斯·富兰克林奖的小说《桉树》（*Eucalyptus*，1998）中也对澳大利亚人的自大心理作了辛辣的讽刺，"维多利亚和塔斯马尼亚岛上的木工对那些参天大树的直径进行了测量（当时的情景都被拍成了照片），随后宣布——这一结果不时会向国外宣扬，就像一个电影明星的三围被公布之后一样——王桉是世界上最高大的树木，超过了美国所有的树木，正如萨尔茨堡据说拥有最高的自杀率一样"（鲍尔，2006：74）。倘若将安吉勒斯小镇是"世界上最大鲨鱼故地"置于澳大利亚的历史文化语境中加以解读，不难发现这一表述蕴含着极强的反讽张力，一方面揭露了澳大利亚人的地域偏狭和自大心理；另一方面凸显出澳大利亚当下工人阶级的男性气质焦虑。在温顿看来，贝尔和小镇居民追求"世界之最"的心理反映出的不是国家自信，而是文化自卑。正是缺乏深厚的历史文化积淀，澳大利亚英裔白人才极力地去证明自己。

尽管小说对贝尔捕获鲨鱼的过程没有多少描述，但这丝毫不影响他展现传统工人阶级男性气质属性——无畏的精神，这种精神在小说男主人公克里夫（Cleve）

的身上却处于缺失状态。与温顿众多男性人物一样，克里夫缺乏传统工人阶级的男性气质。这种缺乏主要通过三种方式得以呈现。其一，克里夫是一名失业的记者，没有经济来源，失去了传统男性在家中的养家糊口者地位。其二，克里夫来自城市，从性别符号学的角度看，城市向来被视为"女性化"的转喻。其三，克里夫对安吉勒斯小镇捕鲸产业、捕鲸工人和热衷捕鲨的贝尔表现出崇拜，间接展现出他自身男性气质的缺乏。值得一提的是，小说中并未直接展现出贝尔捕鲨的具体过程。换句话说，贝尔的男性气质是由克里夫想象出来的，暗示出男性气质神话的文化建构本质。克里夫通过阅读妻子祖上流传下来的捕鲸日志，以及对外来环保组织与捕鲸工人冲突的反思，思想意识发生了重大转变，从对贝尔的男性气质幻想中清醒过来。正如他面对贝尔炫耀他捕获鲨鱼时内心所想的那样。"唔——我的上帝呀，那是什么意思，克利夫想，意义何在"（温顿，2010：189）。温顿借克里夫的反思揭示出他本人对传统男性气质的辩证思考。一方面，他通过安吉勒斯小镇居民对贝尔捕鲨的崇拜彰显出澳大利亚工人阶级男性气质的集体怀旧心理。另一方面，他也借助克里夫对贝尔捕鲨态度的转变表达了对传统工人阶级男性气质的怀疑，暗示出它是建立在杀戮和破坏生态环境的基础之上。

除了通过捕鲨这一狩猎行为追寻传统的无畏精神外，温顿的男性人物还参加非法冒险来彰显自我的男性气质。在他笔下，冒险既包括潜水、冲浪和狩猎等极限运动，也包括走私、偷窥、吸毒、贩毒和谋杀等非法活动。就后者而言，它们被视为传统男性气质的暗黑表现。对温顿的男性人物而言，尤其是心智尚未成熟的青少年来说，判断男性气质的重要参照就是一个男人是否敢做其他男性不敢做的事。因此，在这些男性心中，充满刺激和危险的非法活动就如同冲浪和潜水一样，是证明自我男性气质的重要媒介。在《呼吸》（Breath，2008）中，鲁尼（Loonie）的冒险行为可被视为对传统道德和法律的僭越。与派克（Pike）参加的冲浪游戏一样，鲁尼从事非法冒险活动的动机之一在于摆脱父辈平庸的男性气质。与派克不同的是，鲁尼在竞技运动中表现得更加具有入侵性。正如派克观察的那样，"他执迷于冒险。他绝对喜欢挑战。他真的会让你去挑战他。这不是选择性的。他要求你这么做，坚持要求你这么做。当遇到这类事情时，他完全是强迫性的"（Winton，2018b：38）。在冲浪游戏中，派克对鲁尼的感受就像是"站在致命电流附近"（Winton，2018b：39），这种感觉无疑是鲁尼后来从事非法活动的先兆。在波涛汹涌的时候，鲁尼会和一群大孩子们一起。"这些孩子下巴留着胡茬，像烟鬼那般咳嗽。他们买下鲁尼从酒吧里偷来的酒，然后卖给他雷管、303子弹和弹匣。我知道鲁尼将一个罐子藏在森林里，那里面装满了违禁品和他制造炸弹的材料，还有他从客房和醉汉那里抢来的钱"（Winton，2018b：126）。

鲁尼在冒险活动中与派克渐行渐远，如今的他已不再满足于与派克的冲浪游戏，不知不觉中走上了一条犯罪的道路。表面上看，鲁尼敢做同龄人不敢做的事，展现出别样的男性气质，但是这种游离于法律与道德边界的男性气质将他引向一条不归路。日常生活中，鲁尼除了从事偷窃活动和走私违禁品外，还偷窥别人的隐私。"那年，他在酒吧储藏室的压缩锡墙上钻了一个窥视孔，制造了让自己陷入危险境地的途径"（Winton，2018b：132）。对鲁尼而言，冒险越是危险，快感越是强烈，由此可以抓住更多机会去证明自己的男性气质。鲁尼的认知方式一方面源于青春期阶段自己心智的不成熟，同时也与他和派克共同的冲浪导师桑多（Sando）的错误引导有关。作为一名美国前冲浪职业运动员，桑多没有扮演好自己身为成年人和两位少年导师的角色，带领鲁尼和派克不断去危险的海域冲浪，并以挑战高难度冲浪活动作为判断是否是男性的标志，为两位少年树立错误的男性气质范式。此外，桑多还打着去马来西亚冲浪的幌子带领鲁尼从事贩毒活动，预示鲁尼在多年后死于墨西哥的贩毒枪战中。

从历时角度看，鲁尼在无意识的水下憋气和冲浪游戏中追求的无畏精神可被视为传统工人阶级男性气质的体现，但是随着时间推移，他逐渐偏离了男性气质建构的轨道，展现出传统男性气质的暗黑版本，即"有毒的男性气质"（toxic masculinity）。它与家暴、霸凌、谋杀和强奸等行为一起，逐渐将男性引向危险和死亡的道路。相比而言，小说中另一位男性人物派克在冒险活动的受挫让他反思传统男性气质的危险，开始回归平凡的生活，成年后在救护工作中找到身份认同，这种认同不同于鲁尼在冒险活动中获得的快感。温顿借鲁尼和派克的不同成长轨迹揭示了传统工人阶级男性气质的利弊，前者展现出传统男性气质的外在表现，后者则表现出传统男性气质的内在品质，两人不同的命运也流露出温顿本人对传统工人阶级男性气质的批判性态度。

4 伙伴情谊

伙伴情谊（mateship）源于伙伴（mate）一词，意味着朋友。在澳大利亚的习语中，伙伴情谊主要体现为平等、忠诚、奉献等精神。伙伴情谊是澳大利亚丛林男性同性交际的核心，在建构澳大利亚工人阶级男性气质身份的进程中扮演着重要角色。在澳大利亚的民族独立运动进程中，它被用于区分澳大利亚人与英国人的重要标志。拉塞尔·瓦尔德（Russel Ward）在《澳大利亚传奇》（Australian Legend，1958）中指出，"澳大利亚的民族认同是由盎格鲁-撒克逊文化和生物遗产的融合形成的，他称之为澳大利亚独特的男性气质结构，该结构基于伙伴关系、平等主义和（含蓄的、尽管受到质疑的）异性恋的概念"（Marques，2021：99）。在温顿笔下，伙伴情谊与工人阶级男性的同性交际密切相连，并随着时间的变化而变化。比如，他刻画的小镇充斥着自私、拜金、暴力、残忍和冷漠的风气，这与传统工人阶级的忠诚、自足、平等和公平等品质呈现出鲜明对比。此外，小镇的底层人也经历着当地富人的歧视、憎恶甚至迫害。从某种程度来说，主人公的逃离之旅也是他们寻找可替代的男性气质之旅，具体表现为三段式的身份建构过程。首先，温顿的小说背景通常设定在西澳大利亚小镇，小镇居民阶级分化严重，这令主人公产生厌倦。随即他们主动或被动踏上深入内陆、丛林或者荒野的旅程。在旅途中，他们通常会遇到一位离群索居的老人，并与这位老人建立起某种情谊。最终，主人公与他们遇到的老人分道扬镳，继续自己身体和精神上的旅程。对主人公而言，他们抵达的荒野与曾经居住的工人社区形成鲜明对比，相应地，他们遇到的人也与小镇居民形成强烈的反差。旅程展现出城市与乡村、文明与原始、现代与传统、过去与现在的对比。通过这种方式，温顿尝试弥补过去与现在的差距，寻找一种修复传统伙伴情谊的可能。

在其作品《牧羊人的小屋》（The Shepherd's Hut，2018）中，温顿讲述了一位名叫杰克西（Jaxie）的男孩的逃离故事。杰克西生活在一个叫芒克顿的西澳大利亚小镇，他的父亲是个酒鬼，经常家暴他和母亲。母亲去世后，父亲对他的管教和惩罚更是变本加厉，为此，杰克西经常躲在外边不敢回家。直到有一天，杰克西回到家中，发现父亲意外死在了车库中。想到小镇居民会将父亲的死怪罪自己头上，他心生恐惧，选择逃离，前往西澳大利亚北部一个叫麦格尼特的小镇，他最爱的表妹就生活在那里。与温顿小说中的大多数工人阶级社区一样，芒克顿是一个令人难以忍受的地方，那里充斥着家暴、冷漠、自私和不公。更为糟糕的是，伴随着全球经济危机，小镇经济经历着剧烈的动荡，这进一步恶化了当地的社会正义。

杰克西这位只有15岁的少年，目睹和经历了传统工人阶级伙伴情谊的没落。在家中，他经历酒鬼父亲的毒打；在小镇中，他感受到小镇居民的冷漠。"小镇如此之小，人们随时都会听到什么风声，并对此发表自己的看法。但是当我妈妈需要帮助的时候，没有一个邻居前来。没有一个人打电话报警。任由那个独眼的混蛋横行霸道"（Winton，2018a：21）。由此不难发现，杰克西眼中的芒克顿小镇就像人间炼狱，没有平等和正义可言。更糟糕的是，小镇警察对杰克西父亲的家暴行为选择视而不见，"这也是为何杰克西母亲没有将杰克西父亲投进监狱的原因，也是为何她保持沉默的缘由"（Winton，2018a：20）。通过揭示芒克顿小镇不平等的性别关系和社会体制，温顿呈现了当代澳大利亚社会平等主义信念的失落，这种变化可以归结为资本主义社会的基本矛盾。历史发展证明，单凭经济发展不能抹除资本主义的基本矛盾，也不会彻底消除贫苦，2008年由美国次贷危机引发的全球经济危机就是典型例子。

对杰克西而言，父亲的意外之死点燃了他逃离小镇的欲望，开启他寻找希望和归属的旅程。然而，在抵达目的地之前，他需要穿越西澳大利亚广袤荒芜的盐碱地。与《露天游水的鱼》（An Open Swimmer，1982）中的杰拉一样，杰克西也在旅程中遇到了一位奇怪的老人。他名叫费坦（Fintan），独自在盐碱地中央一间废弃许久的牧羊人小屋中生活了八年。尽管费坦救下了因饥饿而昏迷的杰克西，但杰克西依然不相信他。"一个看到你不开枪的人，一个给你提供食物的人，仍然可能把你交给警察"（Winton，2018a：111）。杰克西对费坦的不信任折射出当代社会中个体对充满不确定现实的真实反应。一方面，杰克西不相信费坦声称的他是一位来自爱尔兰的牧师。另一方面，他也对费坦隐藏自己的秘密，尤其是有关自己表妹的消息。尽管出于同情，杰克西决定与费坦生活在同一屋檐下，但是他依然对费坦保持警惕和怀疑。"尽管如此，我们不得不相信彼此，我告诉他我相信他不是恋童癖，尽管我内心并不确定。他说他也确定我不是杀人犯，但是我觉得他在这一点上不是很坚定"（Winton，2018a：172）。杰克西和费坦的脆弱友谊与19世纪八九十年代丛林人之间的伙伴情谊形成鲜明对比。通过这种方式，温顿揭示了现代社会对个体的异化，展现出传统工人阶级诸如忠诚、慷慨、无私和助人等价值观的失落。

随着时间的推移，费坦和杰克西的脆弱友谊逐渐破裂。有一天，杰克西听到发动机轰鸣的声音，他顺着声音发现掩埋在空地下的船运集装箱，箱子里藏有不同颜色的金属、铰链、镀铬面板、油箱等工具。这个意外发现令杰克西感到恐惧，进一步瓦解了他对费坦的信任。"突然间，我不确定我能否信任他。那个水培设置。他是聋子吗？有没有可能他参与其中？一个疯癫的老隐士无疑是这事的最佳掩护"（Winton，2018a：215）。考虑到可能的危险，杰克西决定离开费坦，尽管费坦苦苦哀求。在离开的路上，杰克西遇到两个来自城市的陌生男子，他们揣着手枪，这令杰克西感到警惕，并唤起了他对费坦的担忧。杰克西对费坦的同情是他重构男性气质身份的转折点，也为他提供了一种重建伙伴情谊的具体路径。"那些笨蛋不会徒步来追赶我的。费坦·麦克吉利斯，那个喋喋不休的老家伙，跟我没有丝毫联系。因此，嗯，我想是这样的。有一段时间我满脑子都是这些。但是我继续往南走。因为我知道，无论发生什么，都是我的错。我要对他负责"（Winton，2018a：251）。

杰克西的内心独白暗示出他临时决定与费坦重建亲密关系。当他前往牧羊人小屋附近，发现费坦被那两个陌生男子捆住手脚并遭到他们的虐待。在千钧一发的时刻，费坦发现了躲在不远处的杰克西，但是他没有告诉那两个男子，而是唱起了丛林歌谣。"哦，他开枪了。一枪致命。凯里"（Winton，2018a：264）。费坦所唱的民谣影射出澳大利亚历史中的丛林大盗奈德·凯里（Ned Kelly，1854—1880），他于1880年因为谋杀和偷窃罪被处以绞刑。在澳大利亚白人的民族想象中，奈德·凯里同时被视为民族英雄和丛林大盗。吉利安·惠特洛克（Gillian Whitlock）指出，"看待奈德·凯里和丛林大盗的每一种方式，都可以与理解澳大利亚历史和民族身份的不同方式联系起来"（Whitlock，2011：147）。联系民谣中的凯里，不难发现费坦被塑造成为一名忠诚的朋友或伙伴，他的举动唤醒了杰克西内心深处的正义感，驱使他杀死了两个陌生男子，展现出丛林男性拔刀相助、见义勇为的伙伴情谊。在卡林纳·布特拉（Karina Butera）看来，"'伙伴情谊'是象征性的惯例和充满价值的意识形态，它代表着挣扎在社会底层的阶级成员当中一种特别类型的忠诚纽带，尽管其他文化中也尊崇这种关系。伙伴情谊蕴藏着一种特殊的感情，它作为典型澳大利亚人的标志被庆祝和感伤"（Butera，2008：269）。杰克西对费坦的拯救标志着他重构男性气质身份的开始。

从象征层面来看，费坦代表着无辜的受害者和压迫者，来自城市的两个陌生男子则是腐化的社会体制化身，杰克西显然是反权威主义（anti-authoritarianism）民族精神的体现。从最初的怀疑到建立起脆弱的友谊，再到友谊的破裂，最后到伙伴情谊的重构，杰克西和费坦的关系折射出澳大利亚工人阶级男性气质身份的重构过程。值得一提的是，杰克西的地理旅程和其男性气质身份建构遥相呼应，面向某种不确定的未来。当杰克西埋葬了不久后死去的费坦，便开车驶往麦格尼特的路上，那是一个充满希望和爱的地方。如今的杰克西不再是那个深陷男性气质危机的少年，他身上的新型男性气质彰显出传统丛林人的男性气质，有别于他父亲身上那种"有毒的男性气质"。

5 结论

体力或传统工艺、无畏的精神和伙伴情谊是温顿男性人物渴望追寻的传统工人阶级男性气质品质。从另一角度来看，追寻这一行为本身也反映出当下工人阶级男性气质的缺乏，折射出时代变革背景下工人阶级的男性气质焦虑。对温顿的男性人物而言，男性气质身份不是某种固定、不变的类型，而是一种变化的历史进程。他们对过往的怀旧和深入荒野的旅程既是对现实生活的逃离，也是对传统的致敬。值得一提的是，温顿笔下的工人阶级男性气质不总是积极的。比如，体力/传统工艺、无畏的精神和伙伴情谊等传统品质帮助男性摆脱精神危机，而盲目的冒险和鲁莽的冲动则将男性引向危险和死亡。事实上，温顿尝试在其作品中区分勇敢与鲁莽。前者主要指代男性或女性主动积极地应对生活的挑战，后者则表现为一种毫无意义的非理性行为。温顿借此表明，年轻一代需要辩证地对待传统。正如他的作品所暗示的那样，传统工人阶级男性气质并非是一种完美范式，而是男性在成长过渡阶段构建身份的替代性选择。

参考文献

阿德勒，2022. 自卑与超越[M]. 周小进，译. 上海：上海译文出版社.
鲍尔，2006. 桉树[M]. 陆殷莉，译. 沈阳：辽宁教育出版社.
康奈尔，2003. 男性气质[M]. 柳莉，译. 北京：社会科学文献出版社.
麦金泰尔，2009. 澳大利亚史[M]. 潘兴明，译. 上海：东方出版中心.
温顿，2010. 浅滩[M]. 黄源深，译. 上海：上海译文出版社.

Ben-Menssahel S, 2006. Mind the country: Tim Winton's fiction[M]. Perth: University of Western Australia Press.

Bly R, 1990. Iron John: a book about men[M]. Reading: Addison-Wesley Publishing Company.

Butera K J, 2008. "Neo-mateship" in the 21st century: changes in the performance of Australian masculinity[J]. Journal of sociology, 44(3): 265-281.

Dixon R, 2005. Tim Winton, Cloudstreet and the field of Australian literature[J]. Westerly, 50: 240-260.

Gardiner J K, 2002. Masculinity studies and feminist theory[M]. New York: Columbia University Press.

Marques E M D, 2021. Around 1988: Australian literature, history, and the bicentenary[A]// The Routledge companion to Australian literature. Gildersleeve J. New York: Routledge: 99-106.

McCredden L, 2016. The fiction of Tim Winton: earthed and sacred[M]. Sydney: Sydney University Press.

Sedler V J, 2006a. Transforming masculinities: men, cultures, bodies, power, sex and love[M]. London and New York: Taylor & Francis e-Library.

Sedler V J, 2006b. Young men and masculinities: global cultures and intimate lives[M]. London: Zed Books Ltd.

Watzke B, 1991. Where pigs speak in tongues and angels come and go: a conversation with Tim Winton [J]. Antipodes, 5(2): 96-98.

Whitlock G, 2011. Literature and arts[A]// Exploring Australia. Xia Y H, Li Y W. Beijing: Foreign Language Teaching and Research Press: 140-159.

Winton T, 2007. Scission[M]. Camberwell: Penguin Group.

Winton T, 2018a. The shepherd's hut[M]. London: Pan Macmillan.

Winton T, 2018b. Breath[M]. Sydney: Penguin Random House Australia.

作者简介

王福禄，博士，南通大学外国语学院讲师。主要研究领域：澳大利亚文学、后殖民文学和性别研究。电子邮箱：flewking@163.com。

（责任编辑：李建军）

"翻译"澳大利亚：翻译家李尧与
当代中澳文学交流

刘洋

摘　要： 在长达一个多世纪的中澳文学交流中，翻译扮演了不可或缺的角色。通过对澳大利亚文学作品的翻译和介绍，翻译家们不仅丰富了中国翻译文学的种类、题材、形式和技巧，更为增进中国对澳大利亚历史、政治、经济乃至日常生活的理解提供了充足的"感性材料"。本文聚焦澳大利亚文学翻译名家李尧的翻译实践，从译者的翻译"实绩"、选材特征、翻译策略，以及在推广澳大利亚文学作品方面发挥的积极作用四个角度，揭示翻译家对当代中澳文学交流做出的实质性贡献。

关键词： 中澳文学交流；文学翻译；李尧；翻译实践

"Translating" Australia: Translator Li Yao and Contemporary Literary Exchanges Between China and Australia

Yang Liu

Abstract: Translation has played a pivotal role in the century-long literary exchanges between China and Australia. Through translating and introducing Australian literary works, translators have not only enriched the variety, themes, forms, and techniques of translated literature in our country, but also provided ample "affective materials" to enhance our understanding of Australian history, politics, economy, and even daily life. With a focus on distinguished translator Li Yao's practice of Australian literature, this paper explores his substantial contribution to contemporary Sino-Australian literary exchanges from four perspectives: the translator's achievements, his selection of works for translation, translation strategies and his role in the promotion of Australian literary works.

Keywords: Sino-Australian literary exchanges; literary translation; Li Yao; translation practice

1 鞠躬尽瘁：李尧的澳大利亚文学翻译"实绩"

李尧（1946—），内蒙古卓资县人，1962年考入内蒙古师范大学英语系，毕业后从事新闻编辑和文学创作，后投身文学翻译事业。自1979年至今，翻译并出版了英国、美国、澳大利亚等国文学、文化、历史著作60余部，澳大利亚文学类译著40部，其中长篇译著《浪子》《红线》《卡彭塔利亚湾》先后斩获三届"澳中理事会翻译奖"。2008年，李尧获得澳中理事会颁发的"杰出贡献奖章"，2018年获澳大利亚"在华澳大利亚研究基金会"终身成就奖，[①]2024年，获得中国翻译家个人最高荣誉奖项——"翻译文化终身成就奖"。[②]在谈及澳大利亚文学汉译概况时，中国澳大利亚研究著名学者胡文仲特别指出，"李尧的贡献尤为突出"（胡文仲，2018：189）。澳大利亚史学家戴维·沃克（David Walker）则认为，"无论在澳大利亚还是在中国，李尧教授都被公认为最重要的澳大利亚文学翻译家"。[③]

在当代中国的文化生产场域中，翻译家大多居于边缘地位，文学翻译既不能像创作一样给译者带来丰厚的经济资本或社会资本，也很难像学术文章一般被转化成象征资本，于名于利，均很难给译者带来丰厚的收益。因此，李尧的重实绩，第一体现在无私的奉献与坚守，通过四十余载的默默耕耘，为澳大利亚文学译介事业持续贡献力量。这一点早已得到澳研界的广泛认可。国内外知名澳研学者均对李尧的奉献精神（孙有中，2018）、丰产译著（Chen，2019；Pugsley，2004），以及翻译成就（Li，2021）给予了相当的肯定。李尧重实绩的第二体现，也是学界较少提及的一点贡献，在于为澳大利亚文学研究提供了丰富的研究材料和文本例证。正如青年学者陈娟在亚历克斯·米勒研究中所指出的，"国内较容易获取的米勒中译本几乎都是李尧先生翻译的"（陈娟，2021：6）。众所周知，外国文学研究者具有双语优势，在文本分析部分往往倾向于自译，只有在译本可靠度高（或有助于观点论证）时才会直接引用中译本。据笔者统计，中国知网数据库中直接引用李尧译文的学术类文章高达43篇，其中期刊类文章40篇，硕士论文3篇，被引频率最高者分别为《卡彭塔利亚湾》（13篇）、《别了，那道风景》（8篇），以及《凯利帮真史》（7篇）三部译作。[④]文学作品的意涵阐释固然难以框定边界，但诸多不同视角的解读指向同一部译作则足以说明一个事实：李尧的译文具有不啻原作的丰富意涵和文本张力。可以说，就澳大利亚文学研究而言，不论是作家作品的多元阐释，还是异

---

① 资料来源于中国作家网（读取日期：2024年5月6日）。

② 资料来源于中国翻译协会官网（读取日期：2024年5月6日）。

③ 见戴维·沃克为李尧译作《金色国度》所做序言。瓦茨，2020. 金色国度[M]. 李尧，译. 青岛：青岛出版社：1.

④ 统计方法为：以李尧的40部澳大利亚文学译著题名为关键词，在中国知网数据库中搜索相关文章，随后通过考察文中引用及参考文献，人工剔除与李尧译著不相关的文章，共得有效文献43篇。

域文本的中国"旅行"，李尧的译作都为研究者提供了可供分析的材料和文本例证。

尽管如此，国内译学界对李尧及其翻译实践的关注仍显不足。到目前为止，翻译研究视角下的李尧译本研究大多集中在译者的"文本策略"（张华，2016）、"文化形象建构"（梁林歆 等，2021）以及翻译技巧（梁林歆 等，2023）等三个层面，分析多从原本—译作关系入手，在一定程度上忽略了译者的翻译行为与中澳文学交流之间的关联。事实上，李尧的翻译实践不论是选材、翻译策略还是出版参与，均表现出对当代中澳文学交流的独特关切。

2　翻译澳大利亚：李尧的选材与当代澳大利亚"特质"

自从本尼迪克特·安德森（Benedict Anderson）指出的，所谓国族是一种"想象的共同体"（Anderson，2006：6）以来，不同国家的研究均已证明，文学，包括翻译文学在内，在国族身份认同（Beaton et al.，2009）、国族文学建构（Morris et al.，2022）、国族主体性的塑造（Ellis et al.，2001）以及国族文化建构方面（Liu，1995），均扮演着不可或缺的角色，因而国别视角下的文学研究，特别是关于对象国文学"特质"的研究，能为针对该国历史、社会、文化等诸多领域的研究提供洞见。

所谓"澳大利亚特质"（Australian-ness），从反本质主义视角来看，是一个人为建构且不断变化的概念。但不可否认的是，自殖民时期以来，特别是自澳大利亚联邦成立以后，历史学家、文学批评家和作家都曾试图以各自的方式去总结、归纳、想象或建构澳大利亚作为一个独立国家或身为一名澳大利亚人所（应该）具有的独特之处。史学家拉塞尔·沃德（Russel Ward）将澳大利亚的"国民品格"概括为"务实""坚韧"以及"厌恶造作"等特点，并将之归结于"丛林群体"（如牧羊人、赶畜人、农场工人等畜牧业从业者）带来的影响（Ward，1964：1-13）。批评家亚瑟·安杰尔·菲利普斯（Arthur Angell Phillips）则认为，澳大利亚的重要特质之一在于其"民主精神"（Phillips，1958：35-57）。文学家对于澳大利亚特质的诠释和想象，通常以特定的题材、主题或艺术手法表现出来。

从文学史的角度来看，殖民化时期的澳大利亚作家不得不沿袭英国的创作传统来建构和想象一个政治上尚未成为现实的"国家"，该时期文学呈现的澳大利亚特质，通常表现为澳大利亚殖民地"奇异的他者性"（Dalziell，2009：110）及其引发的或"近似绝望"，或"进取、讶异、好奇"等情绪（Goodwin，1986：1）。民族化时期文学作品中的澳大利亚特质体现为"典型的澳大利亚人物形象"以及"本地风物"的细致再现（黄源深，1997：5）。国际化时期的澳大利亚文学虽然呈现出与英美文学"同质化"的倾向，但正如德利斯·伯德（Delys Bird）所言，许多当代澳大利亚作家之所以获得国际认可，其"首要原因在于他们的澳大利亚特质"

（Bird，2000：185）。

概括而言，当代澳大利亚文学反映的"澳大利亚特质"，最突出体现在以下两点：第一，当代语境中的身份探索。第二，后殖民视角下的历史反思。从翻译对象的选择来看，李尧对当代澳大利亚文学的突出特征有着精准的把握，选择的作品在很大程度上反映了当代澳大利亚社会对于"身份"和"历史"这两大议题的关注。

2.1 身份探索：李尧的翻译选材与当代澳大利亚文学主题

身份探索是澳大利亚文学的核心主题之一，如果说民族化时期的文学作品更注重"国族身份"的探讨，那么当代澳大利亚文学的身份主题则显得更为多元，其中包括个人身份、种族身份、国家身份和（跨）文化身份的探索，以及多重身份之间的冲突，这一点与澳大利亚的历史遗产和多元文化的社会构成有关。李尧选译的作品中，大多表现出明显的"身份"主题。

李尧翻译的《镜中瑕疵》是澳大利亚现代主义名家帕特里克·怀特的一部自传性作品，除了对自身的"瑕疵"展开反思之外，作者对身份问题的思考也在叙述者第一人称的体验视角和回顾视角的交错中表露无余，表现出对英国身份的排斥和对澳大利亚身份的认同：作者直言"纯粹的盎格鲁-撒克逊血统"是一桩"无趣的事情"（怀特，2016：39），关于英国记忆的书写充满了压抑与阴郁，如将切尔特南寄宿学校称作"奢华的监狱"，将教室描述为"禁闭室"，将童年的英国经历称作"服刑"（怀特，2016：20-24），而关于澳大利亚的回忆则流露出深沉的"联结感"："我之所以希望回到澳大利亚，是因为那里的风光吸引了我。希特勒发动战争之后，也还是澳大利亚风情使我重返故里"（怀特，2016：27）。怀特相信，"成为一个具有金子般的心的澳大利亚人"可以"抹掉怀特家的污点"，因而当他重返澳大利亚却被称作"绅士"时，心里的感受是被"刺伤"和"受挫"（怀特，2016：79）。

2021年，李尧翻译出版了《诺亚·格拉斯之死》。该书除了探讨"艺术对于人的慰藉"这一命题之外，也探讨了二战之后澳大利亚两代人的自我身份重构。诺亚在少年时期表现出对澳大利亚身份的强烈排斥，企图在艺术中寻求人生价值并"重塑自我"（琼斯，2021：65）。随着妻子的去世，诺亚与两个孩子渐行渐远，直到在西西里邂逅朵拉这位文化意义上的"他者"才重新发现自我，"他还没有老到完全没用的地步，没有……阳刚之气尚存，还能把他造就成一个男人"（琼斯，2021：262）。诺亚死后，两个孩子在调查父亲死因的过程中，同样实现了自我身份的重构，得以重新审视自我、亲情关系，以及生活的意义。

李尧的另外两部译著——《凯利帮真史》（凯里，2004）和《吉米的颂歌》（肯尼利，2020）——也分别探讨了"身份"主题，前者体现在作为人物/叙述者的内德·凯利对"传说"或"神话"所建构的"凯利"形象的反思，以及凯利对于自身多重身份（儿子、兄弟、朋友和法外之徒）的认知。后者则体现在作为混血儿的主人公吉米所遭遇的身份认同困境。

正如张剑在评价《李尧译文集》的出版意义时所指出的那样：李尧的翻译选材具有高度个性化的特点，并且反映出译者对于澳大利亚文学的理解和看法（张剑，2018）。从身份主题这一视角来看，李尧的选材是对琳琅满目的当代澳大利亚文学的一次"精选"，有利于中国读者领会当代澳大利亚文学最显著的特色，同时也为探讨产生这些特色的社会、历史或文化成因提供了研究素材。

2.2 后殖民视角：李尧的选材与原住民的"文本政治"

原住民文学的兴起为当代"澳大利亚文学景观"烙上了"关键的印记"，特别是"1987年之后出版的"作品，在澳大利亚国内及国际评论界均取得了不俗的成绩（Wheeler，2013：1-2）。这类作品的一大特点在于后殖民视角下的历史重述，以原住民的声音抵制和颠覆官方历史叙事或殖民者的书写传统，因而作品中特别注重原住民经验、视角以及世界观的凸显，表现出鲜明的"文本政治"倾向。在这一点上，最具代表性的是李尧翻译的《卡彭塔利亚湾》和《屈膝》两部作品。

2012年，人民文学出版社出版了李尧翻译的《卡彭塔利亚湾》，该书以"德斯珀伦"小镇中原住民群体之间、原住民与矿业公司之间的冲突为线索，对充满暴力与侮辱——"模范市民布鲁泽"对原住民女性的侵犯（赖特，2012：34），掠夺与驱赶——"开拓者家族的后代宣称，他们是镇子的主人……土著人实际上根本就不是这个镇子的一部分"（赖特，2012：3），以及血腥与杀戮——"米凯……永远不会知道什么时候才能搜集完对这个地区土著人大屠杀的证据……他相信总有一天会来一场战争大审判……"（赖特，2012：9）的殖民史进行了"披露"，揭示了原住民——如被殖民者的宗教驯化的"黑人小姑娘"（赖特，2012：1-9）和笃信从垃圾场捡来的圣母像会令自己"时来运转"的安吉尔·戴（赖特，2012：19-35）——被殖民者同化的现状，指出殖民主义的"现代形式"（跨国矿业公司）依然广泛存在这一现实。

带有鲜明"后殖民色彩"的主题，如殖民者对原住民群体的驱逐和同化，同样出现在李尧2023年翻译出版的《屈膝》这部小说中。原住民作家塔拉·琼·文奇采用三重视角追溯和审视了白人殖民者对原住民的迫害史：第一，通过主人公对艾伯特编写的字典条目的阐释（如"战争"一词）（文奇，2023：27-28），将定居者强占土地、抢夺食物、捣毁原住民的牧业等种种罪孽，"固化"在原住民语汇的定义当中；第二，通过奥古斯特零散的回忆，拼凑出殖民者企图将原住民"白人化"的历史（"帐篷村被夷为平地……我和其他孩子都被带走……"；"'男孩之家'悬挂的牌子上写着'像白人一样思考。像白人一样行动。做一个白人。'"）；第三，通过牧师格林利夫的信件，以牧师的第一人称视角讲述殖民者在"大屠杀平原"上留下的罪恶（文奇，2023：60-64）。

概括而言，澳大利亚原住民作家的书写，很大程度上是一种当代语境中的"文本政治"实践，其目的在于重审殖民历史，批判这段历史对于原住民群体造成的社会、文化乃至心理影响，抵抗殖民主义的当代延续，以期改善原住民的边缘地位。从更为宏观的意义上来看，李尧对于原住民作品的选择与翻译，不仅让中国读者体会到当代澳大利亚的另一重特质——历史的重审与反思，更使得澳大利亚原住民的哀叹、呼声和诉求，得以在另外一片土地上产生回响，这对警惕当代的"新殖民主义"、抵抗文化霸权，以及消解殖民时代遗留下来的不对等权力结构，提供了新鲜的视角与文本策略。恰如李尧所言："作为一个译介澳大利亚文学的翻译工作者……只把目光放在描绘殖民地白人社会'繁华盛景的主流文学'，忽视原住民文学与文化的传承，不去触碰那一段骇人听闻的历史，是极大的遗憾。特别是面对西方世界歪曲历史，疯狂攻击中国'人权纪录'的滔滔浊浪，作为一个有良知的文学工作者，理所当然，应该拿起武器战斗，而我唯一的武器就是翻译。"[1] 由此可见，李尧对于原住民作品的选取，原本就带有几分"行动主义"色彩。

3 地方性：当代澳大利亚文学的美学特质与李尧的"保真"策略

黄源深在评价当代澳大利亚文学的"国际性"时指出，许多当代作品如果"隐去其中的澳洲地名"，很难看出是"出自澳大利亚作家的手笔"，但同时也指出，当代作品并没有失掉其"地方性"，所谓"国际化……是指表现手段"而非针对"反映的内容"而言，即便崇尚"国际化"的作家，依然将"澳大利亚作为表现的对象"（黄源深，1997：277）。换言之，当代澳大利亚文学作品的"地方性"并未因作家对于共同价值的追求而遭到削弱。

当代澳大利亚文学的"地方性"体现在诸多方面，如地理环境所蕴含的文化、情感或主题意涵，独特的澳大利亚风物，或特殊语汇（如原住民语言）的使用等等。凡此种种，都为貌似"国际化"的故事或主题赋予了鲜明的"澳大利亚属性"。

通过考察译著中的细节可以发现，李尧的翻译策略很难用"忠实-背叛""直译-意译"或"归化-异化"等二元范畴来描述，其灵活多变的处理方式跳出某种预设的翻译理念。不过，在其多样化的翻译技巧和灵活变通之中，始终贯穿着一个明显的目的，即在译文中保留和再现澳大利亚文学的"地方性"，这一点在地名的翻译、澳大利亚风物类词汇的翻译，以及原住民语汇的翻译上表现得最为明显。

第一，地名的翻译。在《诺亚·格拉斯之死》的开篇，叙述者对主人公诺亚·格

---

[1] 资料来源于中国作家网（读取日期：2024年5月6日）。

拉斯的童年经历进行了回顾，提到了他的童年玩伴"弗朗西斯"。然而在呈现二人之间的关系时，诸多文本细节令读者感到困惑：一方面，诺亚承认，自己对弗朗西斯的感情"不是喜欢"而是"爱"。但另一方面，诺亚在离开澳大利亚之后，尽管十分思念弗朗西斯，却始终不肯与之联系，甚至觉得这令自己"松了一口气"。诺亚与弗朗西斯之间究竟是什么关系？诺亚挥之不去的孤独感从何而来？他在电影《宾虚》（Ben-Hur）中得到了怎样的启示？所有这些问题的答案，都隐藏在叙述者交代弗朗西斯的出身时轻描淡写的一句话里："Francis was originally from Halls Creek"（Jones，2019：42）。如果对"Halls Creek"不够了解，读者很难填补因文化差异而导致的"认知裂隙"。

李尧在翻译"Halls Creek"这一地名时，采用了通行的音译法，译作"霍尔斯克里克"，但关键的是，这一地名后附加了一条注解："霍尔斯克里克：位于西澳大利亚东北部的小镇。澳大利亚原住民聚居区之一"（琼斯，2021：43）（强调为笔者所加）。这一看似无足轻重的注解，对于理解弗朗西斯的身份、诺亚与他的关系，以及整部小说的主题——"艺术与文化身份"——起着至关重要的作用，若没有这条注解，阅读过程中的种种疑惑则无法得到符合逻辑的解答。

首先，李尧的注解指明了弗朗西斯的身份——原住民。因此，弗朗西斯这个名字中"辛辣的讽刺"（Dixson，2018）味得到了凸显：身份是原住民，却被冠以一个欧洲人常用的名字。其次，指明弗朗西斯的原住民身份，有助于中国读者理解诺亚与弗朗西斯之间的关系，以及二人关系所承载的主题意义：弗朗西斯象征着澳大利亚这重"文化身份"，但诺亚对于这重身份却始终持着矛盾态度。与弗朗西斯（原住民）在一起时，诺亚觉得"自己勇敢、洁净、没有被污染"，感受到"人性中最美好的东西"被激发（琼斯，2021：44）。但另一方面，澳大利亚的"孤独、与世隔绝让他害怕"，他认为"他们一家人会死在这里……消失在这橘红色的土地上"（琼斯，2021：40）。最终，诺亚在艺术中看到了救赎的希望和人生的价值所在，然而问题在于，诺亚的"救赎"是以接受西方电影《宾虚》的叙事逻辑为前提，因而他所谓的艺术只能是一个"二手的欧洲人"对早年殖民者行径的模仿（Dixson，2018）。为了"编造"一个有关"信仰与救赎"的艺术故事，诺亚不得不压抑和扭曲自己对原住民（以及澳大利亚身份）的美好回忆。正如罗伯特·迪克逊（Robert Dixson）所说，诺亚与艺术的相遇，是以"牺牲原住民男孩弗朗西斯"（的友情）为代价的（Dixson，2018）。

换言之，诺亚在艺术中所寻求到的，是一个斩断澳大利亚本土关联的"伪身份"，这便解释了诺亚对于弗朗西斯的奇怪态度，也解释了诺亚在斩断澳大利亚文化身份后，为何始终被孤寂所困扰，更解释了为何作者在序言中特别交代"身份问题"。对于作者的意图，李尧有着明确而深刻的认知，因此在译者前言中明确指出，该小说提出了审视艺术的一种观点，即，视觉艺术"构成了我们的情感"，但

"给我们带来了虚假的身份和认同"。[①]

  鉴于篇幅有限，文本无法对李尧译著中的全部地名翻译进行——列举，以上分析仅仅是李尧地名翻译策略的一个典型例证，但诸多地名的翻译技巧都指向一个事实，即译者试图通过各种方式，将澳大利亚地名中隐含的多重意义，包括文化、情感、历史及主题意义，充分地传递给中国读者，让地名中隐含的澳大利亚"地方性"得到最大程度的再现。

  第二，风物类词汇的翻译。在涉及澳大利亚风物的翻译时，李尧的翻译方法不尽相同，但总体上表现出这样一种意图，即突出澳大利亚本土风物的独特性，这一点在其多部译著中均能找到实例。例如，帕特里克·怀特的《人树》在开篇时提到这样一个细节：一只狗来到"anthill"跟前抬起了一条腿（撒尿）。所谓"anthill"是指蚂蚁在建筑地下巢穴时，在地面留下的小土堆，但由于澳大利亚的"anthill"通常有一人多高，用"堆"则嫌体量过小，而用"丘"则过于夸大，因此翻译成"蚁冢"（怀特，1990：3），目的在于突出澳大利亚蚁冢的特别之处。

  又如，小说《屈膝》中出现的澳大利亚本土植物"bottlebrush"和本土动物"bull ants"被译作"瓶刷子花"和"牛头犬蚁"。李尧既没有采用两种植物的学名，又没有出于"顺口"而译作"瓶花"和"牛蚁"，而是选择保留其外观或行为上的特性：前者状似清洗瓶子时用的刷子，而后者攻击性较强，行为上类似"牛头犬"。

  另外，李尧对原住民使用的器具也进行过认真的考证，并在翻译时极力呈现其功能与外观特征。《吉米的颂歌》在开篇时描写了原住民部落的男性在举行割礼时遵循的一种习俗，即伤口愈合之前不能见女性。为了达到这一目的，主人公吉米使用了一种名为"bull-roarer"的工具，通过快速挥动该工具产生类似野兽呼号的声音，迫使女人不敢靠近。李尧将这种工具译作"吼板"（肯尼利，2020：4），既保留了该器具的形状（平板状），又呈现了其功能特征（发出吼声）。

  众所周知，文学作品中出现的风景、器物、植物以及动物等，一方面是作者对于自然或社会环境的"似真性"再现，一方面与作品的主题以及塑造这一主题的社会文化特性有关。从总体上看，李尧的翻译策略很好地保留了"风物类"词汇所蕴含的澳大利亚地理、生态、人文等诸多方面的本土特征。

  第三，原住民语汇的"选择性零翻译"。"零翻译"是一种较为特殊的翻译行为，即译者在译文中采用"源语语言符号"（罗国青，2005：89）的做法。在翻译澳大利亚原住民作品时，针对原住民的特有语汇，李尧选择性地采用了零翻译策略。这种做法在一定程度上影响了译文阅读的流畅性，但如果从后殖民"文本政治"的视角来考察则不难发现，李尧的"选择性零翻译"恰到好处地传达了原住民

---

① 见《诺亚·格拉斯之死》"中文版序言"及"译者前言"部分。

作家试图通过文本实践来"重认"（reclaim）族裔身份以及重振原住民文化的政治诉求。

安妮塔·海斯的历史小说——《我的澳洲故事：我是谁?》展示了"被偷走的一代"在自我发现的过程中，寻求文化认同、继承部落文化遗产时遭遇的曲折与艰辛。故事以小女孩玛丽记录日志的形式展开，突出当孩童幼稚的视角遭遇难以理解的社会现实时，个人的自我发现之旅便与原住民的文化困境乃至整个国家的历史紧密连接在一起。小女孩看似天真的表述折射出原住民作家对于"同化"的拒斥和对于本族文化的认同，这一点在很大程度上是通过原住民特有语汇得到表达的。以下是一组原文和译文的对照。①

原文：

I saw Dot today and she said, "Hello, **mima**"… She told me that **mima** was the Wiradjuri word for star…I wrote a song with my new word **mima** in it. Not like the "Twinkle, twinkle little **mima**" cos that sounds really stupid…（Heiss，2010：98）

译文：

今天我遇见了多特，她说，"你好，**mima**!"……她告诉我，**mima** 是土著语，意思是"星星"……我写了一首歌，歌词里有我新学会的土著语 **mima**。不是像"<u>小星星，亮晶晶</u>"那样的歌词。那种歌词听起来没意思……（海斯，2012：96）

以上引文体现出主人公的两种心态：第一，学习到本族词汇（mima）之后的自豪之情，在短短的篇幅内，这一词汇重复使用了四次。第二，对于殖民者文化的抵制，因为"小星星，亮晶晶"是英语文化中一首耳熟能详的童谣，象征着殖民者的文化，小姑娘在学到本族词汇后，便不屑于吟唱殖民者的歌谣（cos that sounds really stupid）。

在翻译以上原住民词汇时，李尧采用了两种不同的策略，前三处均为"零翻译"，将原住民词汇原封不动地置于汉语句子当中，视觉上的突兀与阅读上的不通顺，很好地将读者的注意力转移到"mima"这个词汇上来，一方面传达出小姑娘的自豪之情，一方面也加深了原住民词汇留给读者的印象。但第四处的"mima"李尧选择了译成"小星星"，而没有采用零翻译。如果考察"Twinkle, twinkle little mima"的修辞功能则不难发现，李尧的选择别具深意。如上文所示，"小星星，亮晶晶"这首童谣是殖民者文化的产物，而小姑娘拒绝这首童谣，象征着对于殖民文

---

① 这组原文和译文中的强调标记，均为笔者添加。

化的抵制，以及为避免"同化"而采取的抗争。如果译作"小mima，亮晶晶"，读者则很难联想到小姑娘所拒斥的是那首英语文化中特别流行的儿歌。此处没有采用零翻译，是为了给读者提供认知线索，以便其更好地理解原住民作家的"文本策略"。

不论在《我的澳洲故事：我是谁?》《卡彭塔利亚湾》，还是在《屈膝》等原住民作品的翻译中，李尧均一贯地采用了选择性的"零翻译"策略，至于何时翻译、何时不翻译，则是基于文本语境、历史语境、作品主题、修辞效果，以及读者（可能的）反应综合考量，其目的在于将原住民词汇中独特的"地方性"最大限度地呈现在中国读者的面前。

4 关键的一环：李尧在澳大利亚文学出版中的"桥梁"作用

李尧的翻译对中澳文学交流的贡献，不仅在于以一己之力完成40余部作品的翻译，更在于在澳大利亚文学出版中发挥的桥梁作用，具体表现有二。

第一，协调系列丛书的出版。在激烈的市场竞争中，我国翻译文学的出版往往处于十分尴尬的境地，由于图书销量关系到编辑的切身利益和出版社的盈亏，加之高昂的版权费用与销路不广的预期，通常出版社在引进图书时格外谨慎。作为连接澳大利亚作家、国内翻译界、澳研界以及出版界的关键一环，李尧在作品选择、版权商定、译文质量控制、寻找出版机构，乃至译者推荐等诸多方面，均发挥了不可或缺的作用，保证了多套澳大利亚丛书的顺利出版。自2015年起，李尧先后担任"澳大利亚原住民文化汉译丛书"和"澳大利亚原住民儿童文学汉译丛书"（内蒙古师范大学澳大利亚研究中心项目）的主编和顾问，到目前为止两套丛书已经出版澳大利亚原住民文学、文化类书籍12部。此外，他还担任了"澳大利亚当代文学汉译丛书"项目主编（西悉尼大学项目），目前该项目中的三部译著有两部（段满福译《莫莉》、赵雯译《棕蛇酒吧》）即将出版，一部（李尧译《另一半你》）已经上市。

第二，培养和帮扶青年译者。早在1997年起，李尧就开始在北京外国语大学开设澳大利亚文学翻译课程。随着澳大利亚研究在中国不断取得进展，许多高校相继成立澳大利亚研究中心，李尧授课的院校也从最开始的北京外国语大学，拓展至北京大学、内蒙古师范大学和牡丹江师范学院。在讲授澳大利亚文学翻译课的过程中，李尧让一部分青年译者对澳大利亚文学产生了浓厚的兴趣，并通过推荐、合译等方式，让更多的年轻人有机会参与澳大利亚文学翻译。自2017年起，北京大学翻译硕士研究生刘洋（现为北京大学外国语学院博士研究生）、北京大学世界文学与比较文学专业博士生解村（现为北京外国语大学教师）以及内蒙古师范大学教师苏日娜等人，先后在李尧的推荐下，翻译并出版了多部澳大利亚文学及文化类作品，其中包括托马斯·肯尼里的《战争的女儿》（解村译）、《吉米的颂歌》和《耻辱与俘虏》（李尧、刘洋合译）、尼古拉斯·周思的《细语中国》（刘洋译），以及澳大利亚植物学家威廉·罗伯特·加法叶的散文作品《密径：莎士比亚的植物花园》（解村译）、《乐园：欧洲园林之旅》（刘洋译）、《岛屿：南太平洋的植物探险》（苏日娜译）。当然，以上提及的两个方面，仅仅囿于笔者所知、所能考证的范围，实际上李尧在澳大利亚文学出版中的参与，以及对年轻译者的帮扶，很可能发挥了更广泛、更积极的作用。但以上两点已足以证明李尧在推广澳大利亚文学和促进中澳文学交流方面做出的努力。

5 结语

综上所述，李尧的澳大利亚文学翻译实践，充分体现出其作为译者对于当代中澳文学交流的独特关切，这种关切可以概括为：选材上精挑细选（选择凸显澳大利亚特质的文学作品）、面对"他者性"保持开放与包容（最大限度地保留原作的异质性），以及重视"交流机制"（作家—澳研界—出版方—译者）的建构。以上三个特点，既反映出老一辈翻译家审慎的择取态度，彰显我国文化交流的开放与包容气象，更折射出几代澳研学人为拓宽中澳交流渠道而做出的多方努力。身为一名与新中国一道成长的翻译家，李尧始终秉持坚守与实干精神，在澳大利亚文学翻译领域深耕厚植，并在当下积极参与新时期的文化建设，在中澳文学交流史上留下了厚重的一页，也为青年译者树立了绝佳的榜样。

参考文献

陈娟，2021. 亚历克斯·米勒的创伤历史书写研究——以《浪子》《别了，那道风景》和《安娜贝尔和博》为例[D]. 郑州：郑州大学.

海斯，2012. 我的澳洲故事：我是谁?[M]. 李尧，郇忠，译. 北京：中华书局.

胡文仲，2018.《李尧译文集》序一[J]. 澳大利亚研究（2）：189.

怀特，1990. 人树[M]. 胡文仲，李尧，译. 上海：上海译文出版社.

怀特，2016. 镜中瑕疵[M]. 李尧，译. 北京：生活·读书·新知三联书店.

黄源深，1997. 澳大利亚文学史[M]. 上海：上海外语教育出版社.

凯里，2004. 凯利帮真史[M]. 李尧，译. 北京：人民文学出版社.

肯尼利，2020. 吉米的颂歌[M]. 李尧，刘洋，译，北京：外语教学与研究出版社.

赖特，2012. 卡彭塔利亚湾[M]. 李尧，译. 北京：人民文学出版社.

梁林歆，董俊然，2023. 中译本《红线》的四字格运用研究[J]. 语言与文化论坛（翻译与文学卷）：14-22.

梁林歆，贺荣，2021.《黑玫瑰》李尧汉译本注释中的文化形象建构[J]. 亚太跨学科翻译研究（13）：185-198.

罗国青，2005.零翻译概念辨正[J].上海翻译（1）：89.

琼斯，2021.诺亚·格拉斯之死[M].李尧，译.北京：作家出版社.

孙有中，2018.李尧教授新书发布会上的演讲[J].澳大利亚研究（2）：198.

瓦茨，2020.金色国度[M].李尧，译.青岛：青岛出版社.

文奇，2023.屈膝[M].李尧，译.北京：作家出版社.

张华，2016.纽马克文本翻译理论与李尧的文学文本翻译策略[J].安徽工业大学学报（5）：62-67.

张剑，2018.澳大利亚文学与中国读者[J].澳大利亚研究（2）：208-210.

Anderson B, 2006. Imagined communities: reflections on the origin and spread of nationalism[M]. London and New York: Verso Books.

Beaton R, Ricks D, 2009. The making of modern Greece: nationalism, romanticism, and the use of the past (1797-1896)[M]. London and Burlington: Ashgate.

Bird D, 2000. New narrations: contemporary fiction[A]// The Cambridge companion to Australian literature. Webby E. Cambridge: Cambridge University Press.

Chen H, 2019. Australian studies in China: a historical and present day overview[J]. オーストラリア研究 (32): 135.

Dalziell T, 2009. No place for a book? Fiction in Australia to 1890[A]// The Cambridge history of Australian literature. Price P. Cambridge: Cambridge University Press.

Dixson R, 2018. Figures in geometry: the death of Noah Glass by Gail Jones[EB/OL]. (2018-09-06) [2024-09-15]. https://sydneyreviewofbooks.com/review/death-noah-glass-jones.

Ellis R, Oakley-Brown L, 2001. Translation and nation: towards a cultural politics of Englishness[M]. Bristol: Multilingual Matters.

Goodwin K, 1986. A history of Australian literature[M]. London: Macmillan Education.

Heiss A, 2010. My Australian story: who am I?[M]. Gosford: Scholastic Press.

Jones G, 2019. The death of Noah Glass[M]. Melbourne: Text Publishing.

Li J J, 2021. Forty years of Australian studies in China[J]. Social alternatives, (1): 53.

Liu H L, 1995. Translingual practice: literature, national culture, and translated modernity—China, 1900-1937[M]. Stanford: Stanford University Press.

Morris D P, Braz A, 2022. The nation and its literature(s)[M]// National literature in multinational states. Braz A, Morris P. Alberta: Alberta University Press.

Phillips A A, 1958. The democratic theme[A]// The Australian tradition: studies in a colonial culture. Phillips A A. Melbourne: F. W. Cheshire.

Pugsley C P, 2004. Manufacturing the canon: Australia in the Chinese literary imagination[J]. Journal of Australian studies, 28(83): 89-103.

Ward R, 1964. The legend and the task[A]// The Australian legend. Ward R. Melbourne: Oxford University Press.

Wheeler B, 2013. Introduction: the emerging pattern[A]// A companion to Australian aboriginal literature. Wheeler B. New York: Camden House.

作者简介

刘洋，北京大学外国语学院博士研究生。主要研究领域：叙事理论与小说翻译。电子邮箱：duguyang2006@126.com。

（责任编辑：周杜娟）

梅丽莎·卢卡申科小说研究述评

徐燕

摘　要：梅丽莎·卢卡申科是澳大利亚当代文坛中一位极具影响力的作家和评论家，同时也是澳大利亚原住民作家的杰出代表。她的代表作品《多嘴多舌》获得了2019年澳大利亚最高文学奖"迈尔斯·富兰克林奖"，她因此成为第三位获此殊荣的原住民作家。本文主要总结和梳理了外国文学评论界对梅丽莎·卢卡申科小说的评论与赏析，发现学界专注于评价早期获奖小说《格格不入》和《杀死达西》以及近期获奖小说《穆伦宾比》和《多嘴多舌》。而国内尚未发现研究聚焦梅丽莎·卢卡申科的学术评论文章，只有关于《杀死达西》和《多嘴多舌》中译本的简介和新闻报道。本文总结了外国文学评论界大致从以下三个主题阐释梅丽莎·卢卡申科的小说：原住民文化身份的重构和救赎，关爱原住民女性、反对暴力和反种族主义，以及对深爱的土地和家园的坚守、与土地的精神纽带的重建。梅丽莎·卢卡申科的文学作品生动地展现了当代原住民普通而不平凡的生活，通过她笔下栩栩如生的小说人物，读者能深切体会到这些角色在经历苦难后依然乐观向上的生活态度。这种视角与非原住民对当代澳大利亚社会的描述截然不同。梅丽莎·卢卡申科所创作的文学作品不仅为读者提供了独特的视角，也为当代澳大利亚文学注入了新的活力。

关键词：原住民文学；文化身份重构；反暴力；土地；家园

A Literature Review of Research on Melissa Lukashenko's Fictions

Yan Xu

Abstract: Melissa Lukashenko, an acclaimed First Nations author and essayist, is undoubtedly one of the most influential literary figures in contemporary Australian literature. In 2019, she became the third Indigenous writer to win Australia's most prestigious literary prize, the Miles Franklin Literary Award, for the novel *Too Much Lip*. The essay presents a summary and review of the literary criticism on Melissa Lukashenko's novels, revealing that scholars have concentrated on interpreting her earlier award-winning novels, *Steam Pigs* and *killing Darcy*, as well as her most recent publications, *Mullumbimby* and *Too Much Lip*. No scholarly studies examining Melissa Lukashenko's literary works have been published in China, aside from brief synopses and news articles about the Chinese translations of *killing Darcy* and *Too Much Lip*. This paper summarizes how literary critics have broadly interpreted Lukashenko's novels through three key themes: the reconstruction of Indigenous cultural identity, the care for Indigenous women and the resistance to violence and racism, as well as the restoration of the spiritual connection with the land. Lukashenko's novels offer readers a deep understanding of the everyday lives of ordinary Australian Indigenous people in contemporary society. Her characters are vividly and realistically portrayed, many of whom have endured hardships yet maintained an optimistic outlook on life, which contrasts with the depictions seen from non-Indigenous perspectives. Therefore, Melissa Lukashenko's literary works not only offer readers a unique perspective but also have made significant contributions to contemporary Australian literature.

Keywords: Indigenous literature; reconstruction of cultural identity; anti-violence; land; home

1 引言

梅丽莎·卢卡申科（Melissa Lucashenko，1967—）是澳大利亚当代文坛著名的原住民小说家和评论家。大学毕业后，卢卡申科开始了小说创作，自20世纪90年代中期起，始终专注于书写普通原住民那绝不平凡的生活。迄今为止，她发表了8部小说和多篇散文，并屡获殊荣。卢卡申科笔锋犀利，围绕原住民的政治权益、土地所有权、原住民女性主义等主题，发表了十余篇评论文章。她于2013年在《格里菲斯评论》（*Griffith Review*）发表的文章《跌出视野：穷困潦倒于布里斯班和洛根》（"Sinking Below Sight: Down and Out in Brisbane and Logan"）曾荣获澳大利亚最高新闻报道奖——沃克利奖（Lucashenko，2013b）。她所有的作品都以原住民的历史与文化为主题，致力于真实再现原住民在当代澳大利亚社会中的生活。

本文总结和梳理了外国文学评论界对梅丽莎小说的评论与赏析，发现学界专注于评价早期获奖作品《格格不入》（*Steam Pig*）和《杀死达西》（*killing Darcy*）和近期获奖的小说《穆伦宾比》（*Mullumbimby*）和《多嘴多舌》（*Too Much Lip*）。澳大利亚文学评论界大致从以下三个主题分析梅丽莎·卢卡申科的作品。首先，卢卡申科笔下的主人公大部分都是生活在社会底层的原住民，他们在当代澳大利亚社会中努力寻求归属感，经历迷茫和困惑，逐渐对其所属的原住民社区有强烈的认同感，最终完成了原住民文化身份的重构和救赎。其次，卢卡申科尤其关爱原住民女性，同情她们在家庭暴力和代际创伤中所遭受的痛苦。她的小说无情地揭露历史遗留的伤痕，旨在通过协商和救赎等方式找到治愈的途径，帮助原住民女性在现代社会中获得应有的尊重。最后，卢卡申科创作的作品强调了土地所有权对原住民的政治意义。她笔下的人物坚守自己深爱的土地和家园，重建与土地的精神联系。这反映了原住民和自然的紧密关系，他们为捍卫家园和土地完整性作出努力，希望家园不被殖民者侵占。卢卡申科借助小说人物对土地所有权进行追诉，在当代澳大利亚语境下重续与土地的精神联系。因此，读者在阅读卢卡申科的文学作品时，可以深刻感受到原住民的文化、语言、传统与历史，并体会到这些与当代澳大利亚社会紧密相连的小说人物那悲喜交加且绚丽多彩的人生。

2 原住民文化身份的重构和救赎

文学评论家安尼塔·海斯（Anita Heiss）认为："对原住民作家来说，写作行为不仅是'创造性的'文学表达，也是分析、处理、确定、理解和维护其原住民身份的'工具'"（Heiss，2007）。梅丽莎·卢卡申科曾在文章中提到，"原住民身份不是由肤色决定的，而是源于内心和精神层面的认同"（Lucashenko，2005）。卢卡申科通过描绘原住民底层人物的日常生活，重新审视原住民在当代澳大利亚社会中如何寻求身份认同和文化认同的问题，积极捍卫原住民的传统和文化。她在题为《视为主权行为的写作》（"Writing as a Sovereign Act"）的文章中写道，希望原住民作家通过写作方式重建在澳大利亚当代语境下的话语主权，并鼓励他们分享殖民者入侵之前和入侵之后的故事（Lucashenko，2018a）。

卢卡申科在《格格不入》这部小说中主要探讨了女主人公苏·威尔逊（Sue Wilson）的原住民身份构建和认同过程。纳撒尼尔·欧雷利（Nathanael O'Reilly）认为，卢卡申科的写作意图与处理方式和斯图尔特·霍尔（Stuart Hall）的文化身份理论观点一致，即"文化认同是永远未完成也不会完成的过程，因为身份认同是动态的，永远处于认同的过程当中"（O'Reilly，2010）。在小说前半部分，苏的母亲由于从未认同过自己的原住民身份，一直把苏当作白人女孩抚养长大，未曾和苏坦白过自己的原住民血统。但苏的母亲因为皮肤黝黑经常遭受虐待，她仍然拒绝认同自己的原住民身份。因此，智子一谷（Tomoko Ichitani）认为苏的身份构建过程是"破裂的和矛盾的"（Ichitani，2010）。苏一直在努力地探寻自己的原住民身份，经历过挣扎和冲突，这源于她在成长过程中被剥夺了了解原住民身份的权利。在与男朋友罗杰交往后，她逐渐唤醒了自己的女权意识，并在深入了解原住民社区和文化传统之后，开始慢慢构建自己的原住民身份。罗杰是来自工人阶级的原住民，在格里菲斯大学研究原住民文化，他和苏讲解原住民社区的文化，并成为苏心中的榜样和导师，并激励她进一步探索自己的原住民身份。然而，罗杰并非真正的心灵导师或理想的原住民男性形象，他经常大发脾气，对苏实施家暴，他患有厌女症和恐同症，还深陷毒品和药物滥用泥潭之中。讽刺的是，作者特意安排了苏在工作中结识了两位白人女性凯瑞和瑞秋，她们二位是积极的女权主义倡导者，她们慢慢开导苏，并和苏谈论性别平等和社会正义的话题，逐渐成为苏真正的心灵导师，帮助她重建原住民的文化身份。苏也从充满暴力的汤斯维尔市郊区搬到离市区和文化中心更近的韦斯滕德区，她通过阅读大量原住民作家的作品，开始反思原住民对土地的所有权和归属感等问题。当她阅读其中一篇名为《日常生活故事》（"Anyday Story"）的文章时，卢卡申科以原住民作家的身份在小说中写道："在布里斯班这样一个白人聚居的城市里，欧洲白人在大街上昂首阔步，毫无畏惧"（Lucashenko，1997）。欧雷利指出，卢卡申科在小说中"将阅读文学和了解历史视为希望和救赎之道"（O'Reilly，2010），希望苏通过阅读原住民文学、了解原住民历史和文化来治愈伤痛，而不是依靠酒精和毒品来麻醉自己。只有这样，苏才能够在精神层面上真正理解和完全接纳自己原住民的身份。

梅丽莎·卢卡申科在2002年发表青少年小说《太闪耀》（*Too Flash*），主要聚焦于叙述15岁原住民女孩佐伊（Zoe）的成长故事。由于母亲忙于工作且频繁调动，她被迫和白人母亲从新南威尔士州搬到布里斯班，需要适应新学校的环境。佐伊很快与女孩米西成为朋友。佐伊的家庭条件相对米西来说比较优越，米西家庭生活窘困潦倒，两人后来因为家庭条件的差异发生了一些冲突。在友谊陷入危机时，校长安排她们去露营，并遇到了两位受人尊敬的女性原住民长者。她们和女孩们分享了许多澳大利亚原住民的文化、历史、神话和传说，并教导女孩们如何在原住民社区构建身份，以及如何正确处理青少年时期所面临的问题。最初，佐伊像其他青少年一样迷茫、叛逆，认为自己不属于任何地方，无论是之前居住的新南威尔士还是现在定居的布里斯班。然而，经过这两位女性长者的启发，佐伊和同学米西和好如初，并逐渐认同了自己的原住民文化身份。这部青少年小说节奏明快，包含大量青少年之间的对话，情节围绕着友谊、种族主义，身份认同等主题展开，探讨了年轻一代的原住民群体在当代澳大利亚城市中成长的意义。

3 关爱原住民女性、反对暴力和反种族主义

梅丽莎·卢卡申科不仅是一位积极的人权活动家和勇敢的原住民女权主义者，还一直倡导通过写作来为原住民女性权益发声。她是昆士兰社区的人权组织"狱中姐妹"（Sisters Inside）的创始人之一，该组织致力于倡导被监禁的女性和年轻人应享有正当的人权，并为她们提供支持和服务。

艾琳·莫顿-罗宾逊（Aileen Moreton-Robinson）认为，卢卡申科以原住民女性

生活为主题的著作揭示了"原住民女性的韧性、创造力和力量，以及殖民化在话语和文化实践中的延续性"（Moreton-Robinson，2021）。卢卡申科探讨了在以父权制为主的当代社会以及在原住民社区背景下，女性面临原住民和白人男子的双重压迫和暴力问题。因此，潘妮·范·图恩（Penny Van Toorn）认为梅丽莎·卢卡申科是"一位关注复杂政治和社会矛盾的原住民女性作家，这些矛盾源于性别和阶级、种族和文化的差异"（Toorn，2000）。

20世纪七八十年代，许多原住民女性作家开始涌现，纷纷撰写她们的人生故事。1987年，萨莉·摩根（Sally Morgan）凭借自传体小说《我的位置》（*My Place*）取得了巨大的成功，这一成就为原住民女性作家的创作注入了强大的动力。卢卡申科作为一名女性原住民作家，特别关注原住民女性在当代澳大利亚社会的生活状况，她强调女性和家庭、社区以及社会之间的关系，展示了女性独立、乐观、坚韧不拔的生活态度。

梅丽莎·卢卡申科的《格格不入》和《艰难的后院》（*Hard Yards*）这两部小说都以昆士兰州布里斯班的多种族汇集的郊区为背景，描述了殖民外部暴力和家庭内部暴力对原住民家庭的影响，并探讨了原住民文化身份的重构和情感复原的可能性。《艰难的后院》主要讲述了鲁·格洛弗（Roo Glover）的艰辛人生。他在出生时就与白人父亲分离，童年时代在寄养家庭饱受折磨，经历了重重困难，最终被原住民女友莉娜的家庭接纳。

智子一谷认为："《格格不入》从某种意义上可以被认为是梅丽莎·卢卡申科的自传体小说"（Ichitani，2010）。卢卡申科从小练习空手道，并获得了5次昆士兰州空手道比赛冠军和3次全国空手道荣誉称号。女主人公苏·威尔逊和梅丽莎·卢卡申科一样也练习空手道。作者有意将女主人公设定为接受过良好体能训练的运动选手，是为了反衬作品中的其他人物的软弱和无力。而欧雷利则认为《格格不入》是"一部具有创新性且独特的小说"（O'Reilly，2010）。这部小说聚焦工人阶级所处的远郊环境，凸显了诸如原住民身份、归属感、女权主义、性别、家庭暴力、种族主义以及酗酒、吸毒等重大社会问题。书中的人物大多是生活在社会底层的蓝领工人，生活单调沉闷，容易沉溺于酗酒和滋事。苏自己也未能摆脱家庭暴力以及酒精、药物和赌博的诱惑，她的生活因这些问题变得疲惫不堪。卢卡申科特别关注原住民家庭和社区内部的暴力现象、原住民男性对女性的施暴行为，比如男友罗杰对苏的虐待。最终，在白人女权主义者凯瑞和瑞秋的帮助下，苏慢慢摆脱了罗杰的暴力控制，开始走向正常的生活。也正如智子一谷所言，"卢卡申科特意刻画苏和凯瑞之间的紧密联系，是为了探讨原住民和非原住民女性在澳大利亚女权运动中结盟的可能性"（Ichitani，2010）。

此外，梅丽莎·卢卡申科在《多嘴多舌》中使用了黑色幽默和诙谐的语言，生动地描绘了原住民索尔特家族的真实故事。小说通过使用大量原住民俚语和俗语来讲述世代居住在德容沟镇并守护爱娃岛索尔特大家庭的日常生活。叛逆的小女儿凯瑞·索尔特（Kerry Salter）在得知爷爷濒临弥留之际后，便骑上偷来的哈雷摩托车从昆士兰州出发，返回家乡新南威尔士州。虽然她原本打算在爷爷的葬礼后立即回到布里斯班，但她偶然发现白人市长巴克利计划出售家族祖传的爱娃岛，并将其推平以建造监狱，凯瑞与家人一起努力阻止这一计划，同时也揭开了家族代际创伤的秘密。简·沙利文（Jane Sullivan）在书评中写道，在索尔特家族中，"几乎每个人都经历了苦难和不公正，以及无意义的暴力，他们在家庭功能失调和循环暴力中生存"（Sullivan，2018）。

殖民者的压迫给原住民个人和家庭带来的创伤是持久且深远的。索尔特家族的每一位成员都在代际创伤和家庭暴力的阴影下生活。卡伦·威尔顿（Karen Wyldon）指出："殖民主义的暴力和代际创伤的痕迹深深交织在索尔特家族的日常生活中。靓玛丽作为家族的故事传承者和历史的守护者，与邦家仑（Bundjalung）文化紧密相连"（Wyldon，2018）。在小说的第21章中，梅丽莎·卢卡申科特意安排理查德大舅来调解唐娜和肯尼之间的矛盾，他们最后的和解也象征着作者对美好未来的期望。作为家族长者，理查德大舅向索尔特兄妹们展示如何和历史和解。他面对家庭暴力的现实，没有为施暴者开脱罪责。"因为导致这些问题的历史背景非常复杂，这些创伤根源于殖民历史和系统性种族主义与歧视"（Wyldon，2018）。索尔特家族如同其他原住民家族一样，经历了暴力和种族偏见，包括在教会中心遭受虐待和歧视，这些都对原住民造成了身体和精神上的创伤。威尔顿认为，梅丽莎·卢卡申科在小说中"将几代人所经历的创伤文本化、历史化、政治化，将白人的历史书写和当代澳大利亚的社会现实进行强烈对比，试图起到一种警示效果"（Wyldon，2018）。通过揭示难以言说的创伤记忆，原住民被压抑的声音能够得以传递，从而批判历史并实现自我疗愈。尽管澳大利亚政府在二战后对原住民遭遇的殖民压迫进行了深刻反思，采取了一些积极措施改善原住民的生存境遇，但在土地权利、环境保护和"被偷走的一代"等历史遗留问题上，政府与原住民之间仍存在重大分歧。威尔顿总结道："梅丽莎·卢卡申科通过叙述索尔特家族的悲伤故事进一步印证，政府尝试通过家长式管制方法和强加政策来弥补殖民创伤的做法是无效的"（Wyldon，2018）。

4　坚守热爱的土地和家园，重续与土地的精神联系

大多数澳大利亚原住民文学经典之作深刻展现了对土地和自然环境的敬畏之情，突出人与自然及土地之间的紧密关系，这些作品强调了人类和大自然和谐共存，与殖民者掠夺和霸占土地的行径形成了鲜明对比。正如詹春娟所言："土地不仅是一个地理存在，还有重要的政治意义和精神指涉"（詹春娟，2016）。因此，对原住民而言，土地和所有权不仅仅是物质层面的存在，更包含着深远的政治和精神

意义。小说中的主人公通过土地、河流、山脉和原住民社区的祖先建立联系，表达了对土地所有权的诉求，这是原住民权利和身份的一种象征性主张。詹春娟进一步指出："除了宗谱式的土地膜拜，原住民作家还善于以各种传说、歌谣甚至身体表现来强化原住民与土地之间不可分割的感情，完成对自我身份的指称过程"（詹春娟，2016）。这也是一种自我身份认同的追寻过程。

梅丽莎·卢卡申科曾表示，创作《多嘴多舌》这部作品的初衷是希望通过小说展现原住民对土地、山川河流的深切热爱，并引导读者进入人与自然和谐共处的宇宙空间。这种人与自然的和谐关系仍是当代大部分原住民生活的基础。当索尔特家族得知以祖姥姥爱娃命名的爱娃岛可能被白人市长卖给政府当监狱用地时，他们深感震惊，担忧自己的家园被毁灭。他们深切地感受到，剥夺土地所有权不仅会改变他们的命运，还可能导致原住民文化和传统不复存在。靓玛丽在小说中提道："当时我们的土地早被抢了……1899年时努恩家族已经在这里生活了两代人，到处都是白人的农牧场和存在"（卢卡申科，2021）。与生活在德容沟的殖民者后代相比，索尔特家族与土地的联系更加紧密，他们决心保卫属于他们自己的土地和湖泊。威尔顿认为，梅丽莎·卢卡申科之所以强调土地在原住民生活中的重要性，是因为"这是互惠互利的关系，土地滋养他们，治愈他们，祖先曾经生活的地方对于他们原住民社区十分重要，必须竭尽全力保护土地的完整性，因为那是一个他们能和历史对话的地方、一个能唤起强烈感情或勾起美好回忆的地方"（Wyldon，2018）。当唐娜回到德容沟和家人和解时，理查德大舅指着河流和岛屿对她说道，"这条河流就是你的血液，这片土地就是你的身体。你被迫离开属于你的家园这么久，我感到非常难过"（卢卡申科，2021）。卢卡申科在这部小说中"把殖民历史和当代社会的政治问题与原住民权利斗争紧密联合"（Sullivan，2018），最终，原住民成功地争取到本应属于他们的土地产权。

梅丽莎·卢卡申科的小说《杀死达西》同样聚焦于家园和土地这一主题，她曾表示"关于家园的了解至关重要，因为它关系到你来自哪里、如何适应这个世界，以及如何处理与他人和地方的关系"（Lucashenko，2005）。这部小说在澳大利亚青少年小说中占据重要位置，是由原住民作家所创作的为数不多的青少年小说之一，旨在帮助原住民青少年增强自我认知，了解当代原住民的日常生活。小说的主人公是17岁的原住民青少年男孩达西·曼戈（Darcy Mango），他从澳大利亚内陆红土之地来到新南威尔士州北部的沿海地区，与母亲的家人团聚。42岁的白人男子乔恩·孟席斯给达西提供了工作和住处。乔恩有两个儿子，14岁的卡梅伦与他同住，16岁的菲尔则外出欢度暑假。达西的生活和同龄人菲尔形成了鲜明对比。作为一个原住民青少年，达西必须通过工作维持生计，艰辛地面对生活的挑战，而白人男孩菲尔则可以无忧无虑地尽情享受美好假期。在小说的结尾处，达西和乔恩一家进行了分享真实故事的游戏，他勇敢地唱出了自己的心声，当他高声吟唱《马博之歌》（*Mabo Song*）①的时候，特意把"他们白人错了"改成了"你们白人错了"（Lucashenko，2013b），以此表达他的抗议和诉求。

布里顿（Britten）和柯林斯-吉尔林（Collins-Gearing）认为，"梅丽莎·卢卡申科巧妙地运用小说人物的视角，对无人之地（terra nullius）这一概念进行了深入的解构"（Britten et al.，2020）。作者毫不避讳地将矛头直指殖民者，揭示了白人如何强行霸占澳大利亚这片广袤的土地——它原本属于不同的原住民部落。两百多年的殖民历史和种族歧视使得原住民面临着一系列错综复杂的社会问题。此外，布里顿和柯林斯-吉尔林还指出，作者有意将小说标题 *killing Darcy* 的字母"k"小写，使用非标准的英语书写，目的是引起读者对语言变化的关注，并揭示殖民者如何控制原住民的历史、剥夺原住民正当的发声权（Britten et al.，2020）。小说中特意保留了一部分原住民词汇，这一写作策略旨在挑战"标准英语才是唯一正确语言"这一观念，并展示了原住民如何在掌握英语的同时，用它来表达自身文化。

梅丽莎·卢卡申科历时五年精心创作的小说《穆伦宾比》也强调了原住民和土地之间不可分割的关系。小说的主人公乔·布林（Jo Breen）是一位原住民女性，为了与祖先的原住民土地建立更紧密的联系，她在离婚后搬到新南威尔士州北海岸名为穆伦宾比的内陆小镇定居，独自抚养情绪多变的13岁女儿。为了逃避都市生活的压力，她选择在庄园里养马种地，寻找心灵的慰藉并时刻铭记原住民祖先的教诲。在穆伦宾比，她遇到了潇洒英俊的图鲍尔·杰克逊，并与他相恋。随后，两人卷入了当地两个对立的原住民家族之间的土地纠纷。这段经历使得乔对原住民文化有了更深刻的理解。图鲍尔努力寻找证据，以证明他的祖先曾在穆伦宾比地区定居，这与乔对家园的渴望不谋而合，她也一直在寻找属于她自己温馨的家园。

约翰·梅西克（John Messick）认为"土地的概念是这部小说的核心所在"（Messick，2013），乔在闲暇时钟爱养马种地，她和其他原住民一样，对土地怀有深深的敬意，感恩土地对人们的滋养。正如小说开篇所述，"今早，当太阳洒满整座山丘时，（乔）几乎难以用言语表达她对这片土地的崇敬之情"（Lucashenko，2013a）。梅西克还认为，卢卡申科试图"通过种族、性别和阶级的视角讲述了乔的爱情故事，描绘了她如何重新确立自己与原住民社区的关系，以及如何在与叛逆期女儿之间的关系中寻求平衡"（Messick，2013）。

---

① 1992年，澳大利亚高等法院宣判其中一名岛民米瑞姆（Meriam）对名为梅尔（Mer）的岛屿拥有传统所有权，并裁定无人之地（terra nullius）原则不应适用于澳大利亚，这项裁决被称为马博裁决（Mabo Decision），是承认原住民和托雷斯海峡岛民土地权利的重要历史事件。该裁决认定原住民早在英国殖民者登陆澳大利亚之前就在这片土地上生活了6万多年，与这片土地有着独特联系。这项裁决还推动澳大利亚议会于1993年通过了《原住民土地权法》。1993年，来自北领地州阿纳姆地的原住民尤荼·印迪（Yothu Yindi，原住民语言，英文含义为孩子和母亲）乐队录制了一首《马博之歌》（*Mabo Song*），以此纪念马博在争取原住民土地所有权时发挥的至关重要的作用。

与金姆·斯科特（Kim Scott）、亚历克西斯·赖特（Alexis Wright）等原住民作家类似，梅丽莎·卢卡申科也在作品中频频使用未经翻译的邦家仑土语（Bundjalung），以突出原住民语言的独特性。《穆伦宾比》中出现了灌木丛的俗语，而《多嘴多舌》则充斥着粗犷的澳大利亚俚语和方言，这种语言杂糅的创作手法是为了"吸引更多的读者参与进来，介入到富含本土经验的文化领域"（詹春娟，2016）。在《穆伦宾比》的结尾处，卢卡申科还整理出了邦家仑土语的词汇表供读者查阅，这一写作策略旨在恢复和重申原住民语言的重要性。该书入围了斯特拉文学奖的长名单。正如澳大利亚斯特拉文学奖评审报告（Stella Prize，2014）所言："《穆伦宾比》传递了一个重要的文化信号，即它正悄然瓦解着澳大利亚白人普遍认为的原住民在信仰、价值观、语言和身份认同方面的同质性。然而，在文学和艺术作品中，不同的原住民群体有着各自独特的信仰和政治立场。关注原住民内部的冲突，有可能让澳大利亚对原住民的理解更为深入。"

5　结语

作为原住民后裔，梅丽莎·卢卡申科在创作中关注了当代澳大利亚社会的原住民普通而不平凡的生活。她深切关怀生活在社会底层的原住民女性，努力帮助她们摆脱家庭暴力和代际创伤，重构现代女性身份。卢卡申科希望通过这些努力，促使原住民通过了解并重视其社区的历史、文化和语言，逐步认同自己的原住民身份，实现自我价值。卢卡申科还强调，土地是原住民赖以生存的根本，土地及其所有权对原住民具有极其重要的意义。在追求土地所有权的过程中，当代原住民不仅争取自己的权利，还完成了原住民身份的构建。她的小说几乎都是通过当代原住民的视角来观察社会，真实还原了原住民在当代社会的日常生活，她塑造的角色栩栩如生，虽然历经苦难，但依然积极乐观地面对生活。这与从非原住民视角所描述的当代澳大利亚社会截然不同，卢卡申科创作的文学作品不仅为读者提供了独特的视角，也为当代澳大利亚文学注入了新的活力。

参考文献

卢卡申科，2021. 多嘴多舌[M]. 韩静，译. 北京：作家出版社.

詹春娟，2016. 绿色书写和话语重塑——后殖民生态视域下的当代澳大利亚土著文学[J]. 当代外国文学（4）：100-107.

Britten A, Collins-Gearing B, 2020. Flourishing in country: an examination of well-being in Australian YA fiction[J]. Jeunesse: young people, texts, cultures, 12(2): 15-39.

Heiss A, 2007. Writing aboriginality: authors on "being aboriginal" [A]// A companion to Australian literature since 1900. Birns N, McNeer R. Rochester: Camden House: 41-60.

Ichitani T, 2010. Negotiating subjectivity: Indigenous feminist praxis and the politics of aboriginality in Alexis Wright's Plains of Promise and Melissa Lucashenko's Steam Pigs[A]// Postcolonial issues in Australian literature. O'Reilly N. Amherst: Cambria Press: 185-202.

Lucashenko M, 1997. Steam pigs[M]. Brisbane: University of Queensland Press.

Lucashenko M, 1998. Killing Darcy [M]. Brisbane: University of Queensland Press.

Lucashenko M, 1999. Hard yards[M]. Brisbane: University of Queensland Press.

Lucashenko M, 2002a. Too flash[M]. Alice Spring: Iad Press.

Lucashenko M, 2002b. Uptown girl[M]. Brisbane: University of Queensland Press.

Lucashenko M, 2005. Country: being and belonging on aboriginal lands[J]. Journal of Australian studies, 29(86): 7-12.

Lucashenko M, 2006. Not quite white in the head[J]. Mānoa, 18(2): 23-31.

Lucashenko M, 2013a. Mullumbimby[M]. Brisbane: University of Queensland Press.

Lucashenko M, 2013b. Sinking below sight: down and out in Brisbane and Logan[J]. Griffith review, 41: 53-67.

Lucashenko M, 2018a. Writing as a sovereign act[J]. Meanjin, 77(4): 25-31.

Lucashenko M, 2018b. Too much lip[M]. Brisbane: University of Queensland Press.

Lucashenko M, 2019. Edenglassie[M]. Brisbane: University of Queensland Press.

Messick J, 2013. An exploration of love, land, and ancestors[J]. Antipodes, 27(2): 225-226.

Moreton-Robinson A, 2021. Talkin' up to the white woman: Indigenous women and feminism[M]. Minneapolis: University of Minnesota Press.

O'Reilly N, 2010. Exploring Indigenous identity in suburbia: Melissa Lucashenko's Steam Pigs[J]. Journal of the association for the study of Australian literature, 10: 1-13.

Stella Prize, 2014. Mullumbimby by Melissa Lucashenko[EB/OL]. [2022-06-20]. https://stella. org. au/ prize/2014-prize/mullumbimby.

Stuart H, 2003. Cultural identity and diaspora[A]// Theorizing diaspora: a reader. Braziel, E J, Mannur A. Malden: Blackwell: 233-246.

Sullivan J, 2018. Too Much Lip by Melissa Lucashenko[EB/OL]. (2018-10-01) [2022-06-20]. https:// www.australianbookreview.com. au/abr-online/archive/2018/230-october-2018-no-405/5124-jane-sullivan-reviews-too-much-lip-by-melissa-lucashenko.

Toorn P V, 2000. Indigenous texts and narratives[A]// The Cambridge companion to Australian literature. Webby E. Cambridge: Cambridge University Press: 19-49.

Wyldon K, 2018. Melissa Lucashenko: taking back the island[EB/OL]. (2018-11-21) [2022-06-20]. https://sydneyreviewofbooks.com/review/too-much-lip-melissa-lucashenko.

作者简介

徐燕，澳大利亚西悉尼大学人文与传播艺术学院教师。主要研究领域：澳大利亚文学、叙事学和翻译理论与实践。电子邮箱：v.xu@westernsydney.edu.au。

（责任编辑：江璐）

种什么得什么：评《世间罕事：
小麦带文学史》

苏珊·利弗

倪帆　译

在澳大利亚的卫星地图上，你会在西澳大利亚州的西南部凸起处看到一条对角线，在这里，表示森林的深绿色变成了浅绿。甚至在电视气象图上都能看得一清二楚——这是早期欧洲殖民者毁林种麦的范围。正如戴修思（Tony Hughes-d'Aeth）在《世间罕事：小麦带文学史》（*Like Nothing on This Earth: A Literary History of the Wheatbelt*，2017）一书中所解释的，该地标只有一百年历史，却代表了澳大利亚殖民史上最剧烈的地貌改变之一。

毁林种麦是一场多方参与的破坏行为，政府出台补贴政策，吸引了大批工人来此伐木并就地焚烧。听说可以获得土地、赚到大钱，一些胆大的农民自愿加入了这场狂潮中。很快他们便发现，清林造地反而比辛辛苦苦种地赚得更多。于是农作周期从传统的播种和收获，变成了辛勤砍树和纵火烧树。清出一片森林后，他们就转向下一片。

如今，西澳小麦带生产并出口大量粮食，看起来似乎利润丰厚，但其历史却骇人听闻，这场农业工业化过程是以牺牲原住民、土地、动物、鸟类和树木为代价的。最终，后果也将反噬那些毁林人。

这种故事或许能以传统地理学史的方式，通过审视地貌变迁和殖民政治来讲述，但作为文学评论家，戴修思明白这段历史有一系列文学见证者。他以这些作品勾勒出小麦带的百年历史，其中不乏知名作家艾伯特·费希（Albert Facey）、杰克·戴维斯（Jack Davis）、多萝西·休威特（Dorothy Hewett）、伊丽莎白·乔利（Elizabeth Jolley）和约翰·金索拉（John Kinsella），也有小众作家西里尔·古迪（Cyril Goode）、詹姆斯·波拉德（James Pollard）和芭芭拉·约克·梅（Barbara York Main）。此外，少数几位作家，如约翰·爱华斯（John Ewers）、彼得·考恩（Peter Cowan）以及汤姆·弗洛德（Tom Flood），在西澳之外可谓鲜为人知，只有少数关注本土文学的澳大利亚东部人士对他们有所了解。

戴修思借艾伯特·费希直到1981年才出版的《幸运生涯》（*A Fortunate Life*）概述了这段历史。费希的父母将小麦带的毁林造地视为摆脱贫困、实现拥有土地这一"欧洲梦"的良机。同其他来自东部诸州的人一样，他们受金矿的吸引而来到西澳，却沦为苦工，陷入赤贫。费希曾在 8 岁时赤脚走了 220 公里才找到他叔叔的营地，该地后来成了"威克平"（Wickepin）小镇。费希讲述了一个儿童饱受奴役和忽视的故事，同时也描写了当时的大环境——大批移民来到这里，寻求发家致富。他在第一次世界大战期间的经历、作为士兵拓荒者的生活以及在大萧条时期遭遇破产的经历，都是小麦带生活的代表。

戴修思评论说，清林造地活动也有道德考量，使人相信这种大规模的艰苦劳作能改善土地、教化民众。当然，此时澳大利亚东部已有关于拓荒与田园生活的文学传统，描写垦荒者①骑在马背上、在起伏的山丘间牧牛放羊、发家致富的情景。正如亨利·劳森（Henry Lawson）、约瑟夫·福菲（Joseph Furphy）和芭芭拉·班顿（Barbara Baynton）所证实的，虽然这只是一种浪漫化的想象，但它却迎合了人们长期形成的观念，觉得澳大利亚乡村生活在文学上可以是人与自然和谐共处的"田园牧歌（pastoral）"。但这种观念在小麦带根本站不住脚；在戴修思看来，斯蒂尔·路德（Steele Rudd）笔下一家人在自选地②上艰难而无望耕作的故事才最接近那里的经历。正如詹姆斯·波拉德（James Pollard）所描述的，种麦子是"令人麻木的、一轮一轮的劳作，而不是动人的、给人救赎的生活表达"。

古迪、波拉德和爱华斯在一系列诗歌和故事中试图将拓荒田园神话与"种麦人"（wheat men）的生活调和起来，但这却促使他们有时愤而反思这种调和全无可能。古迪的诗作《机械化农场主的独白》（"The Power Farmer's Soliloquy"，1943）通过描绘引擎轰鸣、齿轮滚滚的景象，表达了想象与现实的强烈反差，小麦农场更像是机械化工厂，而非亲近自然之地。在大萧条迫使他离开这片土地以前的十年间，他写出了诗集《种金谷子的人》（*The Grower of Golden Grain*，1932）；古迪自费出版了这本诗集，并在墨尔本沿街挨家挨户售卖。

这些有抱负的作家们也转而书写自然史以寻求慰藉。波拉德在 20 世纪 20 年代曾为《西澳人》（*The Western Australians*，1833—）撰写自然专栏周刊，激起了读者对当地残存灌木林中的鸟类、昆虫和植物的兴趣。时为中学老师的爱华斯找到波拉德，交流对自然和文学的共同爱好——尤尔斯出版了两部描绘小麦带生活的小说。显然对他们来说，"大自然"并不是那些农场。

戴修思解读文学作品和历史的方式独辟蹊径，为两者都带来了新的见解。彼得·考恩（Peter Cowan）含蓄缄默的文风，似乎像是故意不让读者触及其长、短篇小说的内核，但戴修思则认为，考恩这种"轻描淡写的语言"是为了表现他在这片"极度贫瘠的开阔空间"的经历以及他在小麦带做流动劳工的孤寂岁月。考恩比

① 垦荒者（squatters）也称"占地者"，在澳大利亚历史上指的是为了放牧牲畜而占用大片官地的人。最初，他们通常对该土地没有合法权利，后来成为该地区的首批定居者，从而获得了使用权。（译者注）
② 自选地（selection）指"勘测前自由选择"的官方土地。（译者注）

较年轻，未曾见识过这片土地被伐空森林之前的样子，又受过足够的教育，使他能认识到自身所在的农业世界的现代性。"大自然"无法使他产生浪漫主义的共鸣，他的作品展现的是疏离的现代主义观点，与单调的土地和沉闷的劳作相适应。

多萝西·休威特（Dorothy Hewett）也是来自小麦村的孩子，她来自发迹于小麦带的家庭之一。戴修思认为她的故事《贾拉宾的铁丝网》（"The Wire Fences of Jarrabin"）（于1957年首次发表于《澳大利亚女性周刊》上，题为《我母亲说，我永远不应该》）首次在文学中体现了当地的社会分裂和与原住民的种族隔离，而她的诗作《绿村传奇》（*Legend of the Green Country*，1966）则为她本人的家族史赋予了神话色彩。他将休威特的音乐剧《从穆金努平来的男人》（*The Man from Mukinupin*，1979）视为她文学成就的高峰，因为它将传奇与现实中的小麦带生活对照来写，并营造了一种"悲剧时刻"的感觉。

但直到1970年原住民作家杰克·戴维斯（Jack Davis）开始发表作品，才有人为小麦带文学中明显的缺席者——这片土地上的原住民发声。戴维斯并非小麦带本地人，他和族人来自皮尔巴拉（Pilbara），但他在摩尔河原住民聚居地生活的9个月，使其成为20世纪20年代原住民儿童及青少年（主要来自西澳北部）在此地被强制隔离的关键目击者。摩尔河如今已因其在电影《防兔栅栏》（*Rabbit-Proof Fence*，2002）中的曝光而臭名昭著，这里曾隶属于小麦带乡村，而戴维斯的剧作《无糖》（*No Sugar*，1985）也将此地对原住民的歧视剥削公之于众。在某些方面，他的剧作也回应了休威特《从穆金努平来的男人》，表明小麦带社会还有着其他被忽视的神话及社会现实。

这些作家之间的关联，如朱迪思·赖特（Judith Wright）对休威特、金索拉的影响，乌哲鲁·露娜可（Oodgeroo Noonuccal）对戴维斯的影响，都反映了文学与澳大利亚自然环境之间持续不断的互动。兰道夫·斯托（Randolph Stow）、亨利·梭罗（Henry Thoreau）和威廉·华兹华斯（William Wordsworth）的作品也是书中经常提及的参照点。汤姆·弗洛德（Tom Flood）是休威特的儿子，母亲的影响在他的小说《优级大洋麦》（*Oceana Fine*，1989）中显而易见，而他也与同时代作家金索拉一样转向朦胧模糊的后现代主义风格。2000年，金索拉与休威特合著了一本关于小麦带的诗集《麦地》（*Wheatlands*，2000），并配有照片。

金索拉给这部20世纪灾难的文学见证作了一个总结。金索拉曾生活在父亲的小麦农场，也曾同母亲生活在城市里，因此他始终对小麦带的双重遗产有着清醒的认识。他曾是个喜欢射兔捕鸟的小男孩，也承认自己曾经参与破坏行为。成年以后，他为地下涌现出盐分而感到欣慰，因为这表明了自然虽仍然贫瘠，但正在强劲恢复。2009年，他搬回图吉（Toodyay）同家人一起生活，选择直面环境修复的困境。对于每个有环境责任感的澳大利亚人来说，这是一个共同的心结，他们认识到"欧洲人无疑掌握了野生动物的生杀大权"，正如戴修思所说的，"在金索拉的诗歌中，小麦带实则是体现后人道主义绝望感的一则寓言"。

这是一本宏大的里程碑式著作，体量相当于大多数澳大利亚国别文学史，更不必说地区文学史了。戴修思对每位作者的生平都作了简要介绍，并对所选读的作品作了细致而富有同情心的解读。虽然这些作品在写作上存在一些缺点，但戴修思非常重视这些作者的生活经验及其对现实世界的见证，因此那些缺点变得无关紧要。他还考虑了文学观念和体裁随时代发生的改变，选择的文本也从自然研究、回忆录过渡到故事、小说和诗歌。这是一本在方方面面都翔实丰富的书，它有力地证明了，当文学评论超越了理论和趣味的局限，便可大有作为。

当然，传统的历史书写或许能涵盖其中一些领域——戴修思提到了不少历史著作，如杰弗里·博尔顿（Geoffrey Bolton）的《一个让人挨饿的好地方》（*A Fine Country to Starve in*，1972）。但这部文学证据让我们看到了历史中个体的、富有情感的活动，这样的文学批评将作品置于有实际意义的语境之下，展示了文学书写的旨趣，即帮助我们认识自身。

作者简介

苏珊·利弗（Susan Lever），澳大利亚文学评论家。电子邮箱：susan.plever@bigpond. com。

译者简介

倪帆，华东政法大学外语学院英语系讲师。主要研究领域：比较文学与世界文学、中西生态批评、澳大利亚研究。电子邮箱：nifanzjg@163.com。

（责任编辑：李建军）

伟大的澳大利亚小说现在怎么样了？还不错，谢谢提问：评《剑桥澳大利亚小说史》

尼古拉斯·周思

王雪峰 译

"伟大的澳大利亚小说现在怎么样了？"西·阿斯特里（Thea Astley）1962年荣获迈尔斯·富兰克林文学奖的小说《衣着考究的探险家》（*The Well Dressed Explorer*）中的一位人物这样问道。

当这本厚重的《剑桥澳大利亚小说史》（*The Cambridge History of the Australian Novel*）放在我家门口时，我不知道能否在里面寻得答案。这本书的编者戴维·卡特（David Carter）收录了该领域的领军人物所撰写的39篇论文，包括他自己的一篇，他们共同绘制出澳大利亚的小说发展历程。

我读过不少澳大利亚小说，也写过几本。但我还是决定坐下来，以开放好奇的态度，将这本书从头到尾读一遍，或许这样，我可以窥得些许规律。

或许没有读者能够做到这样。这本书的每一章节只处理一个特定话题，没有严格遵循时间顺序，更适合教师与学生自选章节进行阅读。书中所呈现的历史是以主题划分，且相互有重叠部分，它是以当今的眼光来重新审视过去，同时展望未来。也就是说，只有一条主叙事是差强人意的。

这本书的独到之处，归功于卡特作为深受敬重的合著者、导师与审稿人，以及他立足于书籍生产背后文化与物质语境研究的文学批评家的身份。大多数供稿人都是文学研究领域的学者。他们的文章反映了近几年来的学术走向。

他们通常引用受澳大利亚研究委员会（Australian Research Council）资助的研究成果，这从参考文献中便可看出。对于澳大利亚文学研究来说，这意味着向数字人文的转向，即通过对数据的收集与分析来建设具有全国影响力的数据库，如"澳文学"（The AustLit）和"文艺宝库"（Trove）。

这说明学界开始关注"印刷文化"，以及文学作品创作与接受的更广泛的环境。这便包含了"跨国转向"——国际的视野如何使国内的框架变得复杂，同时也强调对地方性的关注，尤其是在气候变化的背景下。这意味着重新审视那些通过"国家利益"审核的作品中第一民族的声音。

从吉姆·斯科特（Kim Scott）的小说开始，澳大利亚原住民小说便繁荣至今，塑造甚或重塑了历史。正如伊娃·波拉克（Iva Polak）在萨格勒布市所著文章《原住民未来主义》（"Indigenous Futurism"）中写道：

> 亚历克西斯·赖特（Alexis Wright）的小说《卡彭塔利亚湾》（*Carpentaria*，
> 2006），正如我们所知道的那样，改变了澳大利亚的文学景观。

我读这本书时，正值"原住民之声"公投赞成与反对难分胜负之际。我能够在章节的内容向当下的推进中感受到希望，当读到尤金尼亚·弗林（Eugenia Flynn）的精彩文章《（土地主权）系列丛书：澳大利亚原住民文学文化与文学虚构小说》（"A (Sovereign) Body of Work: Australian Indigenous Literary Culture and the Literary Fiction Novel"）时，见她写道：

> 澳大利亚原住民文学小说的经典已然确立，他们向主流非原住民文学领域
> 发出声响，颠覆了后者在澳大利亚文学中的霸权地位。

然而，历史发展的现状却给它的书写带来挑战。这种乐观情绪在书以外的现实世界里破灭了——就像来了一场龙卷风——定居者殖民主义又一次借公投失败的结果占据上风。

时间真是让人捉摸不透。

1 一只难寻的文学巨兽

书的前三分之一部分带我们领略从殖民时期一直到 20 世纪中叶的小说创作。我翻阅至一半时，便读到了保罗·沙拉德（Paul Sharrad）的文章《从本耶普到空前繁荣》（"From Bunyip to Boom"），这一章总结了 1955—1975 年的澳大利亚小说创作，读起来令人愉悦。沙拉德总结道，那时伟大的澳大利亚小说"已经成为一个不稳定的叙事，一只难寻的文学巨兽"。

读到书的三分之二时，我们便到达了 1992 年"马博裁决"之后的小说创作——《当非原住民对于他们的土地权利的想法变得不再无懈可击时》。随着安德鲁·麦加恩（Andrew McGahan）的《白色地球》（*The White Earth*，2004）出版，对于该议题的讨论走进了 21 世纪出版的作品中。

当下被折叠成一个环形的时间表，回顾过去是为了展望不久的未来。杰西卡·怀特（Jessica White）在文章《不确定的未来：澳大利亚文学中的气候小说》（"Uncertain Futures: Climate Fiction in Australian Literature"）中用"先将来时"（future anterior）来指代近未来的灾难和后灾难想象。

在其他的章节中，出乎意料的并置则显示出跨越时间的一致。例如布里吉·特鲁尼（Brigid Rooney）的文章《令人不安的文献：澳大利亚小说中的郊区》（"Unsettling

Archive: Suburbs in Australian Fiction"）将菲奥娜·麦格雷戈（Fiona McGregor）的《擦不去的墨水》（*Indelible Ink*，2010）与杰西卡·安德森（Jessica Anderson）的《模仿者》（*The Impersonators*，1980）置于两者共有的悉尼地图中进行比较研究。保罗·盖尔（Paul Giles）引用亚历山大·哈里斯（Alexander Harris）的《定居者与流放犯》（*Settlers and Convicts*，1847）来说明早期定居者的不安心理，吴慧瑛（Lynda Ng）在最后一章中同样涉及了这一主题，探讨库切（Coetzee）、贝鲁斯·布加尼（Behrouz Boochani）以及"在澳大利亚定居地殖民文化中"原住民与非盎格鲁移民"在历史上所造成的不安"。

这本书的作者们识别出当下的走向，这或许会也或许不会预示着另一个未来，正因如此，"先将来时"在这本合著的史籍中体现得淋漓尽致。卡特在序言中写道："对于南半球的想象意味着我们也必须要给'澳大利亚'命名。"

2 经典的形成与批评

卡特在关于澳大利亚文学史学的一章中讨论了经典的形成与批评，并指出："相较于20世纪50年代之前主导文坛的作家，文学批评家的地位正逐步上升"。时至今日也是如此，几乎没有一位文学批评家是来自创意写作或教学等相关领域。

这本书的所有文章都很有意思。有一些文章使人不安，有一些又带有些许温暖与品鉴之美，但"伟大的澳大利亚小说"中的"伟大"是不可能实现的。审美的判断在很大程度上被抵制了。

只要是曾经同行审阅过期刊文章或基金项目申请的人，都熟悉这一模式：一开头就亮出理论或方法论，最好紧跟国际走向，然后分析几个精心挑选的案例研究来支撑论点，最后立马以一个指向未来的升华进行收尾。其目的，用几个比较认可的关键词来说，就是这个领域的"拓展"（expand）或"重新定位中心"（recentre）。

卡特曾说，澳大利亚文学是澳大利亚读者与作者共同造就的。我们的文学是我们读过或写过的文学之总和，包括舶来品以及外在影响，无论良莠。

在已故学者彼得·皮尔斯（Peter Pierce）2009年所编写的《剑桥澳大利亚文学史》（*The Cambridge History of Australian Literature*）中，我读到了卡特在《出版，赞助与文化政治》（"Publishing, Patronage and Cultural Politics"）一文中提出的有力观点。这篇文章体现了卡特对书籍出版与文学传播各方面的兴趣，包括销售与账务。

这部历史是多面且全面的。罗杰·欧斯波恩（Roger Osborn）在讨论小说出版的一章中引用卡特的话，将澳大利亚小说描述成"商品、商业、专业或审美的实践、伦理或教学上的技术、消遣、娱乐、政策对象以及国内空间"。

所有这些笼统的概念汇聚成一个宏大的定义：澳大利亚的小说是"一个重要的文化技术"，它"坚信故事可以叙述更宏大的伦理、政治与文化事件，即便是通俗读物中的故事也是如此"。

这些描述认可小说的声誉，无论是畅销书还是通过认证的获奖作品，同时也暗示所有人心中都有一部小说且都可以写出一本来。

凯瑟琳·伯德（Katherine Bode）在《未完待续：澳大利亚报纸小说数据库》（"To be continued: The Australian Newspaper Fiction Database"）一章中讨论"澳文学"数据库里现有的信息如何改变澳大利亚小说的定义。她的研究表明，我们需要"超越书本"，把目光转向媒介，比如期刊杂志社，通过这种让小说连载并流行一时的媒介理解十九世纪澳大利亚小说的基层发展。

正如艾米莉·波特（Emily Potter）与布里吉德·麦格纳（Brigid Magner）在她们关于"区域性小说"（regional novel）的章节中所言，我们也需要超越城市来关注文学社区。她们指出："区域，作为一个具有创意性的产物，是作者与读者共同创造的。"

3 缺失的内容

然而，从许多带有致敬意味的提及中看出，似乎仍然存在类似"经典"的东西。19世纪之后的作家群，有亨利·汉德尔·理查森（Henry Handel Richardson）、克里斯蒂娜·斯泰德（Christina Stead）、帕特里克·怀特（Patrick White）、伦道夫·斯托（Randolph Stow）、大卫·马洛夫（David Malouf），以及姗姗而来、在索引中被提及的次数近乎他们两倍的赖特。

当然在我看来，有一些极好的小说和小说家被忽略了。现实确实如此，海伦·加纳（Helen Garner）同样也被莫名其妙地忽视了，她一生中创作了许多大受欢迎的小说，这些作品常陷于小说与非小说的争论中。难道是因为她和学院派格格不入而被排除在外吗？还是说没人可以从这位首次尝试风靡全球的自小说写作的澳大利亚作家身上找到一点有趣的东西呢？

在另一个时间框架中，当保罗·艾格特（Paul Eggert）重新评估《20世纪90年代的民族神话》时发现，亨利·劳森（Henry Lawson）也是一个被低估了的作家。短篇小说在这部史籍中涉及得不多，短篇小说家，从米娜·阿卜杜拉（Mena Abdullah）到黎南（Nam Le），都没有出现。

我觉得最精彩的几篇文章有，菲利普·米德（Philip Mead）对采矿三部曲的讨论，包括《理查德·玛尼的命运》（*The Fortunes of Richard Mahony*，1917-1929）；尼科尔·穆尔（Nicole Moore）对战后现实主义的全面回顾，包括拉尔夫·德·波西埃（Ralph de Boissière）以特立尼达岛为背景的《皇冠上的宝石》（*Crown Jewel*，1956）；梅格·布雷肖（Meg Brayshaw）对伯纳德·埃尔德肖（M. Barnard Eldershaw）《明日明日又明日》（*Tomorrow and Tomorrow and Tomorrow*，1947）的关注；伊丽

莎白·麦克马洪（Elizabeth McMahon）对斯托《去岛上》（*To the Islands*，1958）的讨论；布里吉特·鲁尼（Brigid Rooney）对怀特《人树》（*The Tree of Man*，1955）中从"阴郁的暗流"中出现的"撒沙帕里拉小藤蔓"中"粉色主题"的关注；以及杰西卡·怀特（Jessica White）对詹妮弗·米尔斯（Jennifer Mills）《时间错乱》（*Dyschronia*，2018）的讨论。

艾美特·史汀生（Emmett Stinson）对马洛夫与杰拉尔德·默南（Gerald Murnane）进行比较研究，发现"马洛夫的成功很大程度上归功于教育机构在这些年来将他的作品确定为指定读物。"在《通往全球南方的小说之路》（"The Novel Road to the Global South"）一文中，萨斯卡·莫雷尔（Sascha Morrell）通过解剖彼得·凯里（Peter Carey）与理查德·弗兰纳根（Richard Flanagan）的著作来诊断澳大利亚的病症："对澳大利亚业已习惯的弱势状态的一种异常的、保守落后的怀旧之情。"

另外，"固有的种族主义"问题也在澳大利亚畅销青年侵略叙事作家约翰·马斯登（John Marsden）的《明日》系列（*Tomorrow* series，1993-1999）中被提及。

4 多语写作？

宗妤（Emily Yu Zong）在《澳大利亚亚裔小说的形成》（"The Making of the Asian Australian Novel"）一文中写道，黄树屏（Wong Shee Ping）的《多妻毒》（*The Poison of Polygamy*，1909-1910）从1909年开始在墨尔本的《华人时报》（*Chinese Times*）进行连载，它最新的英译本"向大家展示了这本最早的澳大利亚华裔小说以及澳大利亚文学中被忽略的多语特征"。

翻译的问题在一些篇章中也有所涉及，比如对纳林杰里族（Ngarrindjeri）作家戴维·乌奈庞（David Unaipon）的《澳大利亚原住民传奇》（*Legendary Tales of the Australian Aborigines*，1930）的讨论；朱玛纳·贝耶（Jumana Bayeh）也在《澳大利亚阿拉伯裔小说》（"The Arab Australian Novel"）一文中深思流散书写，并以此分析巴赫鲁斯·布察尼（Behrouz Boochani）最初用波斯语写成的杂糅小说《没有朋友，只有群山》（*No Friend but the Mountains*，2018）。

然而，非英语小说很难脱颖而出。这种制约也埋没了岩木圭（Iwaki Kei）的精彩小说《再见，我的橙子》（*Farewell, My Orange*，2013）。它是关于两名非洲女性移民到澳大利亚的故事，由梅雷迪斯·麦金尼（Meredith McKinney）从日文版翻译过来。多语写作似乎也是"先将来时"的一部分，但我们还没准备好它的到来。

文学史呈现多种形式。我遗漏了其中最为基础的形式：传记。虽然作者的身份都尽可能地做了说明，比如"克里斯托斯·佐尔克斯（Christos Tsiolkas），希腊移民二代的同性恋男作家"，但是很少有供稿人对解释作者的职业生涯感兴趣。

最值得一提的是贝思·德里斯科尔（Beth Driscoll）和吉姆·威尔金斯（Kim

Wilkins），他们在奇幻、犯罪以及浪漫小说一章的讨论中提供了实证信息，包括像克里·格林伍德（Kerry Greenwood）和彼得·坦普（Peter Temple）这样的明星作家是如何一步步出名的，也提及了代理商、编辑、出版商，让这些名称在这一过程有了一席之地。他们高呼短篇小说是澳大利亚奇幻小说成功的关系网中最重要的基础，小说也是社会交流的一种形式。

小说能拿来做什么呢？其中一个答案可能是，学者可以选取自己感兴趣的小说并拿来研究与教学。它们可以达到一个重要的目的，用伊梅尔达·威尔汉（Imelda Whelehan）和克莱尔·麦卡锡（Claire McCarthy）在电影改编一章中的话来说，就是成为"评价与审视当代澳大利亚文化"的一部分。卡特和他的团队十分出色地呈现了这一目的是如何达到的。

作者简介

尼古拉斯·周思（Nicholas Jose），澳大利亚作家，阿德莱德大学英语与创意写作教授。

译者简介

王雪峰，上海外国语大学英语学院博士生。主要研究领域：英语文学。电子邮箱：jaydenxfwang@163.com。

（责任编辑：李建军）

城市、荒漠、丛林——画家周小平回顾艺术人生：评《从人群走向荒漠：我与澳大利亚原住民的故事》

黎丹

20世纪80年代国门乍一打开，不少国人出于对外面世界的好奇或者对更好物质生活的向往加入了出国的大军。1986年，祖籍安徽的画家周小平在黄山写生，偶遇一名来旅行的澳大利亚女生，对方邀请他前往墨尔本举办一次画展，由此开启了他奇幻的个人经历和一段难得的中澳文化艺术交流之旅。

周小平将自己数次环澳漫游、与澳大利亚原住民共同生活以及和原住民艺术家深入交流并共同创作的经历写成一本散文体回忆录《从人群走向荒漠：我与澳大利亚原住民的故事》，于2023年10月由浙江文艺出版社出版。

在书中，周小平通过对过去30多年艺术创作经历的回顾，向读者展现了一个鲜为外人所知的古老民族——澳大利亚原住民。书中娓娓道来他们的历史、艺术、传统，以及这个族群在现代社会面临的困境；同时，作者也真诚地和读者分享了自己作为一名少数族裔和新移民在澳大利亚面临的困惑和人生思考。书中呈现了周小平以及部分原住民画家的重要作品，同时配有作者在环澳旅行中拍摄的风光和反映原住民生活的资料照片，让读者对于这片壮美的土地和这个质朴的族群有了更直观的体验，也为澳大利亚原住民文化研究提供了珍贵的第一手资料。

周小平初到澳大利亚时，当地人对中国文化了解很少但充满好奇；而他本人对于澳大利亚以及原住民的文化也抱有同样的态度。过去30年，周小平通过自己的努力，将澳大利亚原住民画家的作品带到中国展览，并和他们合作、用各自的传统方式共同创作出了充满震撼力和陌生感的作品，以独特的方式促进了不同文化艺术之间的对话和交流，让中澳两国民众进一步了解和欣赏对方的独特文化。

书中介绍了澳大利亚原住民传统的树皮画，作品画在世界上独一无二的画纸——澳大利亚桉树皮上。铲除下的树皮经过加工制成画纸，然后在上面作画；平整的树皮一般面积不大，所以树皮画的尺寸通常也不大；作画用的颜料是矿物石，通常有红色、黄色、白色、黑色等接近大地和自然的色彩；画家用圆圈、线条和具有象征意义的几何图形代表动物、人类、星星、水洼等等。对于普通游客而言，树皮画可能只是非常简单的古老象征艺术，但周小平通过和原住民长期交往，对他们的文化产生了深刻的尊重和理解。书中写道："比如'水洼'，对生活在荒漠上的人来说它是多么重要，它是与土地、生命息息相关的部分，由此衍生出各种故事。这些故事是作品的重要部分。"原住民画家作画的过程也是充满故事性和神秘感的，他们会一边吟唱一边作画，把传说、梦境和个人经历呈现在作品中。

除了树皮画，周小平还介绍了澳大利亚的岩画，有些画在岩石上的作品可以追溯至6万年前，当地人相信，画在绝壁上的有些作品是"咪咪"精灵所画。有些原住民画家今天还在创作岩画，创作过程类似某种宗教仪式，创作期间他们每晚带着家人在岩石上的画作前跳舞吟唱，向孩子讲述作品背后的故事。可以看出，澳大利亚原住民的艺术和他们的生活、信仰是密不可分的，作为文化的载体代代相传。

除了和当地原住民艺术家合作的作品，周小平自己的中国水墨作品也不可避免地受到了这群丛林艺术家风格的影响。周小平有些作品的题材就是原住民的人物肖像，而某些描绘风景的作品，比如油彩宣纸作品《大地》，画面留白的边缘界限清晰，这些边界线和作品偏右下方布满黄色、白色大小不一的圆点图案，明显借鉴自原住民的艺术风格。

作为一名不断探索的艺术家和澳大利亚新移民，周小平的画，特别是对原住民的描绘，曾一度引来众多批评和质疑。1995年，周小平决定去查尔斯·达尔文大学继续学习。一次学校的分享会上，很多当地人质疑他用中国画的形式抽象地描绘原住民，认为他以猎奇的视角表现了原住民真实、丑陋、悲伤的一面，画面充斥强烈的情绪。还有人认为原住民的岩画不应该被用作背景，是对他们文化的不尊重。对此，周小平提出了自己的思考角度，"艺术不应该为某些人的'文化正确性'服务，"他说。让批评者们难以理解甚至钦佩的是，周小平的创作得到了原住民群体本身的认可，因为他平等真诚地和他们交往，甚至被接纳为他们的一员。

"艺术应该站在一个独立的前沿，"书中反思道，掌握话语权的人居高临下、希望主导其他人对艺术的看法，这也许是无法避免的。这种反思也成了一组新作品的灵感，其中一幅收录在本书中，名为《不要代替我说话》。在以荒漠为背景的画面中央是一把白色塑料椅，上面有一块包装盒展开后的纸板，写着英文"Don't speak for me!"，远处的地平线上横卧着被称为"澳大利亚红色心脏"的乌鲁鲁——世界上最大的单体岩石。

在环澳旅行的途中，周小平还机缘巧合结识了有着当地原住民与中国人血统的后裔，这些人的华人祖先大多是在19世纪中期的淘金潮期间抵达澳大利亚的，后来与当地的原住民结合留下后代。为重现这一段历史，周小平做了一个长达20年的展览研究项目，即关于"原住民与华人在澳大利亚历史中的过去和今天"，将澳大利亚历史中鲜为人知的一段重新展现在世人面前。

2011年春夏之交，首都博物馆迎来了一场特别的展览，通过"海参"这一线索，展现了华人、望加锡人和澳大利亚原住民的故事。在博物馆600多平方米的展厅里，陈列了大量文献、图片、地图、绘画、雕塑和实物；当代部分收纳了周小平和原住民艺术家布隆·布隆的个人作品以及两人合作的作品。其中一幅名为《回归生命》的合作作品创作于2009年，画面的左侧四分之三是周小平在宣纸上用水墨和丙烯颜料描绘的海洋，右侧四分之一是布隆·布隆在油画布上用传统树皮画的技法展示的大海，在那里，三个望加锡人奋力划一只小船，似乎就要进入左边的画面。受到梦中景象的启发，周小平后来修改了画作，让树皮画中的鱼类和望加锡人的小船进入了左边的画面。一位来自阿纳姆丛林的原住民长老看到画作后充分肯定了周小平的创意，他说："这幅画诠释了梦幻时代（原住民祖先生活的时代）的故事，它不仅讲述了过去，更是作为文化的一部分延续到了现在，以及未来。"

除了对艺术的探索和思考，这本400多页的回忆录也为生活在当下现代城市里的读者提供了一片心灵的旷野。在很多人忙于低头捡地上的"六便士"，忘记了头顶的"月亮"时，作者被神秘的澳大利亚大地吸引，在好奇心的驱使下开启了不一样的浪漫旅程。

30多年前，环澳旅行途中他迷失在澳大利亚炙热的荒野，三个捕猎蜥蜴的原住民孩子发现了他留下的足迹并一路跟随，最终将周小平带到了原住民的居住地。他从长老和村民的口述中知晓远古的传说，在他们的讲解中领悟艺术中的细节，在丛林中行走、打猎，被邀请参加传统仪式，随着岁月的流逝对这片土地愈加熟悉和眷恋。澳大利亚荒野、丛林原始粗犷的自然风光，原住民深厚迷人的传统文化，都给周小平以心灵的滋养。30年间，他与澳大利亚原住民建立了深厚的感情纽带，被原住民接纳为家人，甚至有了自己的部落名字——高蛟苟，以及属于自己的图腾——画在树皮上的龟。这段经历让周小平体验到不一样的生活方式，随遇而安、看淡名利，也像原住民一样学会了敬畏自然。澳大利亚的丛林和荒漠一望无际、充满生机，村庄里的生活没有计划，也没有目的。在旷野里，剥去社会结构中的所有身份，人只是他自己。

有一种质朴的情感和真诚贯穿全书，这是周小平的人生态度，是他赢得原住民信任的钥匙，也是他的绘画作品打动人的力量源泉。

作者简介

黎丹，《深圳日报》英文版副刊主编。主要研究领域：中国当代艺术。电子邮箱：debra_lidan@163.com。

（责任编辑：李建军）

新时代的中澳关系：第二十届中国澳大利亚研究国际学术研讨会综述

方圆

1 引言

2024年6月7—9日，"第二十届中国澳大利亚研究国际学术研讨会"在西安外国语大学成功举行。本次会议以"新时代的中澳关系：机遇与前瞻"为主题，旨在探讨交流中澳关系迈入新的50年之际所迎来的前景和机遇。研讨会由中国亚太学会澳大利亚分会主办、西安外国语大学英文学院和西安外国语大学澳大利亚研究中心承办，西安科技大学人文与外国语学院、《外语教学》编辑部和《西安外国语大学学报》编辑部协办。来自国内外45所高校的120余名专家学者交流了学术研究成果。

2 大会开幕式

开幕式由西安外国语大学英文学院院长张凌主持。西安外国语大学副校长党争胜、中国亚太学会澳大利亚分会会长陈弘分别致辞，表达了对与会者的欢迎以及对澳大利亚研究学科的展望。西安外国语大学澳大利亚研究中心主任苏锑平代表主办方，向澳大利亚格里菲斯大学荣誉教授、"中国政府友谊奖"获得者马克林（Colin Mackerras），以及资深翻译家、"翻译文化终身成就奖"获得者李尧敬献花束，致敬他们在中澳文化交流领域中作出的卓越贡献。

3 主旨发言

本次研讨会共举办了三场主旨发言，专家学者从不同角度探讨了中澳研究的关键议题。第一场主旨发言由昆士兰大学荣休教授大卫·卡特（David Carter）主持，新南威尔士大学李木兰（Louise Edwards）教授分析了20世纪初澳大利亚新闻媒体对中国妇女选举权运动的报道，指出这些报道既延续了东方主义的刻板印象，也包含了跨国合作和行动主义的现代元素。研究发现，中国妇女选举权运动在挑战英、法、美等国自认为的文明与进步领导地位方面具有深远影响。

第二场主旨发言由西安外国语大学王新平教授主持。上海对外经贸大学黄梅波教授以"中澳经济政治关系的互动"为题，着重从中澳货物贸易、服务贸易和双边投资三方面解析了中澳双方高度依赖的经济联系。黄梅波指出，自2014年中澳建立全面战略伙伴关系后，两国的经济联系空前紧密。然而，随着国际局势和澳大利亚对华政策的转变，中澳关系逐渐恶化，直到2023年才初现回暖的迹象，该报告深刻揭示了政治关系对中澳双方经贸的重大影响。格里菲斯大学凯特琳·伯恩（Caitlin Byrne）教授在题为 "Australian Studies in China: Enabling Understanding, Knowledge and Dialogue for a New Era" 的报告中，从文化交流的角度剖析了澳大利亚研究作为一个学科所取得的进展和面对的挑战。她对中国的澳大利亚研究给予高度评价，并指出，中澳政治关系的变化对这一学科的可持续性造成了挑战，伯恩教授进而呼吁通过本次会议提升两国间的理解、对话及合作。

第三场主旨发言由清华大学王敬慧教授主持。西澳大利亚大学安东尼·休斯-戴思（Anthony Hughes-d'Aeth）教授带领与会者共同审视了"西方"概念在中国和澳大利亚文化中的象征意义。通过对西澳作家兰道夫·斯托（Randolph Stow）和中国陕西作家贾平凹的作品的比较，休斯-戴思分析了两位"西部"作家如何将"衰败与复兴"的主题融入各自的叙事之中，并进一步探讨了人类与过去及未来的关系。中国矿业大学翟石磊副教授基于罗伊民调数据，探讨了现实主义框架下澳大利亚公众对中国的威胁感知与政策偏好。他指出，澳大利亚公众对传统安全威胁的认知反映出冷战思维的延续；然而，在非传统安全议题上，澳大利亚公众则展现出了更开放的态度，倾向于通过国际合作应对挑战，这一分析强调了多边机制和大国在处理国际事务中不可或缺的作用。

这三场主旨发言涵盖了澳大利亚研究的核心领域，从文化、经济、政治、社会等角度展现了该学科的深度和广阔的发展前景。各专家的研究成果与思路为后续的讨论提供了新的视角，激发了更加深刻的讨论。

4 分论坛发言

本次研讨会设有七个分论坛，包括"政治与经济""文学与文化""媒体、电影与艺术"，以及"语言、教育与社会"四个主题。来自各学科领域的国内外专家、学者和学生展示了自己最新的研究成果，并针对共同关注的议题进行深入研讨。

4.1 政治与经济

澳大利亚政治和经济是本次会议的核心议题之一，多位专家学者为中澳关系建言献策。格里菲斯大学马克林以 "Australia-China Relations in 2024: A Bright Future?" 为题，探讨了中澳之间的信任问题。在中澳交流逐渐复苏的背景下，澳大利亚政府仍然将中国视为威胁。基于此，马克林指出：中国并非威胁，而是朋友，民间教育和文化交流将为基于信任的中澳双边关系奠定基础。澳大利亚悉尼科技大学澳中关系研究院院长罗震（James Laurenceson）发表了题为 "The UTS: ACRI/BIDA 2024 Poll of Australian Public Opinion Towards China and the Bilateral Relationship: What's Changed?" 的报告，展示了 2024 年由悉尼科技大学澳中关系研究院和商业智能与数据分析中心合作开展的全国代表性民意调查的主要发现。罗震将最新民调结果与前三年的数据进行了对比，引发了现场学者们的激烈讨论。

在澳大利亚外交政策与安全联盟领域，科廷大学的阿里卡·凯泽寇娃（Alica Kizekova）在题为 "Unlocking Australian and Chinese Responses to Minilateralism in 'New' Asia" 的报告中，探讨了澳大利亚对 "四方安全对话"（QUAD）和 "三边安全伙伴关系"（AUKUS）等小多边平台的利用，揭示了澳大利亚对外政策从 "对冲" 到 "制衡" 的转变。中国极地研究中心邓贝西在题为 "澳大利亚南极政策、实践和中澳南极合作" 的发言中，分析了澳大利亚南极政策的演变过程和特征。他指出，在 2016—2017 年，澳大利亚制定了南极战略和目标并推出一系列方案，但是在地缘政治竞争加剧的背景下，澳大利亚的南极外交正逐渐转为由意识形态主导。澳方意图在南极事务中获得领导力和话语主导权，此举对中澳两国在南极地区的传统关系产生了冲击。基于这一新形势，邓贝西进一步提出了对策建议。华东师范大学澳大利亚研究中心研究助理陈曦的研究也聚焦于中澳南极合作，探讨了 20 世纪 70 年代末至 80 年代初中澳两国在南极的合作关系，以及这一合作对双边关系和全球治理的影响。上海国际问题研究院李彦良探讨了澳大利亚的清洁能源外交，并就全球变局下如何有效推进中澳清洁能源合作分享了深刻的见解。牡丹师范学院王翠芳全面分析了澳大利亚政府、企业、媒体和民众对 "21 世纪海上丝绸之路" 的认知，同时探讨了澳大利亚对中国采取公开抨击、蓄意抹黑、撕毁协定等做法的影响。此外，多位学者也对相关主题进行了研讨：澳大利亚国立大学弗朗西斯·罗伯特·邦焦尔诺（Francis Robert Bongiorno）探究了澳大利亚联邦成立之前华人在澳大利亚的政治参与；悉尼大学的乔舒亚·埃利斯（Joshua Ellis）比较了中国和澳大利亚法律中的 "无罪推定原则"，批判了一些澳大利亚评论员对中国法律的刻板印象；华东师范大学吕淑珍分析了澳大利亚智库对中国的研究；湘潭大学许善品探讨了中国与太平洋岛国的警务合作，并对该合作中美国和澳大利亚的干涉进行分析。

澳大利亚的国际及区域外交也备受关注。华东师范大学陈弘以 "From 'Anchor' to 'Spear': Australia's Role in the US' 'Indo-Pacific Strategy'" 为题，分析了澳大利亚在美国 "印太战略" 中的角色转变，陈弘表示，澳大利亚从美国军事战略保障基地变为了具备更强远程打击能力的武装力量。华东师范大学万毓琪分析了美国 "印太战略" 的演变，并审视了澳大利亚在美英澳 "三边安全伙伴关系" 中的角色及其对中国的影响。华东师范大学刘熙茜则探究了 "三边安全伙伴关系" 的 "第二支柱" 的特点及趋势，认为该支柱旨在扩大其成员资格，而亚洲国家担心此举会将该协定变为 "亚洲版北约"。深圳大学祖皓月分析了澳大利亚南太平洋政策的演进和特征，发现其政策制定始终围绕维护地区的稳定与安全这一宗旨展开。山东大学孙志强探讨了日本与澳大利亚开展安全合作的动因、影响和趋势，对中国的应对策略提出了建议。另外，华东师范大学司苏蕊追溯了二战以来太平洋岛国与澳大利亚间的非对称互动关系；华南理工大学李军鹏探讨了澳大利亚"多元务实"的外交方略；牡丹江师范学院付建祎剖析了后疫情时代中澳两国在东盟的博弈。

学者们还围绕澳大利亚国内政治和社会议题展开了讨论。江苏师范大学颜廷发表了题为"多元文化时代澳大利亚'亚洲化'危机的由来及化解"的报告，追溯20世纪70年代亚洲移民激增导致的澳大利亚"亚洲化"危机，并探讨了多元文化政策下澳大利亚主流社会与移民群体和解的契机。华东师范大学陈晓晨对澳大利亚国立大学太平洋岛国研究项目的课程设置进行了全面分析，指出该项目在交叉学科和实践能力培养方面的优势，同时点出了该项目存在"学科本位"、轻语言、殖民色彩等问题。中山大学张娅琳梳理了澳大利亚政界、战略界和媒体精英所提出的"关键国家""20强国家""区域大国""中等强国"这四个国家角色定位的背景及其隐含的政治意义，以及这些概念间的复杂关系。在原住民议题上，北京外国语大学方圆探讨了2023年澳大利亚原住民之声全民公决失败的原因，深入剖析了澳大利亚非原住民对原住民群体种族歧视的形式及根源。在政府和党派研究领域，北京外国语大学马晓旭探索了总督约翰·克尔（John Kerr）在1975年澳大利亚宪政危机中的角色，揭示了克尔解散惠特拉姆（Whitlam）政府的动机。北京外国语大学王一珺从澳大利亚工党和绿党的独立运行切入，分析各政党如何基于共同意识形态、政策和战略，构建联盟或联合政府的格局。此外，中国矿业大学陆惟谊作了后巴黎时代澳大利亚政府气候正义的话语建构分析；北京外国语大学王馨悦深入探讨了澳大利亚在国际环境与气候治理中的立场。

长期以来，中国和澳大利亚的经济合作十分紧密，但也不无阻碍和挑战，这一话题引发了与会学者的思想碰撞。新南威尔士大学大卫·李（David Lee）以"Australia and the People's Republic of China (PRC): The Trade Relationship"为题，追溯了自20世纪50—60年代以来中澳贸易关系的变化和发展历程。他重点关注了两国在西澳大利亚铁矿开发中的合作，分析了21世纪铁矿石及其他矿产贸易迅速发展的情况。另有多位学者也围绕铁矿石贸易作了报告。华东理工大学黄丽基于语料库，对澳大利亚媒体关于中澳铁矿石贸易的新闻报道作了历史话语和情感分析；上海对外经贸大学盛志成与黄梅波剖析了中澳铁矿石贸易对双边经贸的影响机制，并进一步探究中澳通过铁矿石贸易开启两国对话机制的可能性。另外，华东师范大学姚欣宇分析了中澳经贸关系的挑战和前景；外交学院任怡静研究了中国对澳大利亚的贸易限制在澳大利亚引起的政策辩论；上海对外经贸大学的方浩天和牛东芳解析了澳大利亚自由贸易区战略的发展方向，指出澳大利亚在推进自由贸易区的同时，应更加注重资源获取和国家外交战略方面的考量。

4.2 文学与文化

在文学与文化分论坛中，各位学者从丰富的视角触及了澳大利亚文化中的多个主题，包括离散身份、后现代历史书写、民族文学、生态伦理、女性主义、科幻文学，以及原住民文化等。

首先，澳大利亚小说、剧作中的离散身份、历史书写和民族主义备受与会学者关注。安徽大学朱蕴轶聚焦于离散作家珍妮特·特纳·霍斯皮特尔（Janette Turner Hospital）的作品《迷失的奥菲斯》（*Orpheus Lost*），认为主人公不自觉地将怀旧模式作为防御机制，并通过与现实的疏离来弥补被压抑的理想自我。安徽大学詹春娟探究了彼得·凯里（Peter Carey）的新世纪小说中的后现代历史书写，她指出，凯里通过这一实验性尝试构建了一个后现代、多维度的历史叙事空间，鼓励读者重新审视澳大利亚的过去和未来。扬州大学张加生围绕丛林书写，探究了 19 世纪末民族主义视角下，佩特森（Paterson）与劳森（Lawson）"丛林论争"背后的民族文学指向。

同时，多位学者围绕生态主题展开深入探讨。香港浸会大学宗好（Emily Yu Zong）透过印度裔澳大利亚作家梅纳·阿卜杜拉（Mena Abdullah）的短篇小说集《孔雀时代》（*The Time of the Peacock*），探讨了生态奇观中的侨居伦理；西安外国语大学马圆圆剖析了朱迪思·赖特（Judith Wright）诗歌中的生态伦理思想；华东政法大学倪帆分析了艾丽斯·毕晓普（Alice Bishop）关于丛林火灾后果的去中心化写作模式；山东大学刘鲁蓉深入探讨了安森·卡梅伦（Anson Cameron）的小说《最后的脉搏》（*The Last Pulse*）中，人因为家乡生态环境受到破坏而感受到的乡愁（solastalgia）。

除此之外，其他学者也从独特的角度增加了讨论的广度和深度。内蒙古师范大学袁丽娟深入研究了盖尔·琼斯的力作《诺亚·格拉斯之死》（*The Death of Noah Glass*），重点剖析了小说中异托邦的建构；河南财经政法大学叶宁探讨了澳大利亚剧作家詹妮·坎普（Jenny Kemp）的剧作《依旧安吉拉》（*Still Angela*）中空间化的时间表达；西安外国语大学史春月讨论了《白老虎》（*The White Tiger*）中的空间流动和主体性；北京外国语大学王辰意分析了克里斯蒂娜·斯特德（Christina Stead）的作品《爱孩子的男人》（*The Man Who Loved Children*）中主人公之间的权力斗争；澳大利亚麦考瑞大学许道芝探讨了澳大利亚儿童图书协会年度图书奖和原住民书籍中的神圣化主题；内蒙古大学王蕾解析了凯特·格伦维尔（Kate Grenville）的小说《神秘的河流》（*The Secret River*）中女性主体性的构建；华东师范大学陈贝贝对比了中澳的机器人叙事，剖析了两国科幻文学中的母题书写问题；浙江大学邢佳仪解析了杰拉尔德·穆南（Gerald Murnane）的中篇小说《边境地区》（*Border Districts*）中呈现的后现代崇高感；防灾科技学院高志香探究了西·阿斯特里

（Thea Astley）在文学创作中采用的"局外人"视角；安徽大学朱迪婷研究了亚历克斯·米勒（Alex Miller）在《别了，那道风景》（*Landscape of Farewell*）中运用的文学绘图表征策略，揭示了该策略在纾解空间迷失和焦虑感方面的作用。

在众多讨论中，澳大利亚的原住民文化、殖民记忆以及历史创伤在世界文学领域占有独特地位，备受与会学者关注。北京外国语大学李尧作了关于"澳大利亚原住民文学的发展"报告，展示了澳大利亚原住民文学不断演变的特质与生机。在历史创伤和家庭教育方面，清华大学王敬慧深入剖析了理查德·弗拉纳根（Richard Flanagan）与马丁·弗拉纳根（Martin Flanagan）的作品，王敬慧指出，这两位作家用传记与小说的形式，凸显了家庭教育在塑造个体性格和价值观方面所发挥的关键作用。上海对外经贸大学张成成分析了盖尔·琼斯（Gail Jones）的作品《抱歉》（*Sorry*）中的殖民、创伤和疗愈主题。此外，北京外国语大学黄子清探究了萨丽·摩根（Sally Morgan）的自传 *My Place* 中"被偷走的一代"的痛苦经历，揭示了原住民儿童被迫与家人分离所造成的文化和家庭动荡。

华裔澳大利亚文学和中国文化概念也是学者们讨论的重要议题，与会学者从多个视角探讨了身份认同、媒体话语、文化记忆等问题。上海师范大学吕丽盼以澳大利亚淘金热为中心，探讨了华裔澳大利亚文学中文化记忆与身份建构的相互作用。武汉大学田卓灵则关注华裔澳大利亚文学中食物烹饪作为文化和身份载体的重要性，并透过邝凯莉（Kylie Kwong）和何杰丝（Jess Ho）的作品，展现了食物如何成为种族与性别身份斗争的媒介。在关于身份认同的研究中，西安外国语大学的李源清认为，澳大利亚不断变化的移民政策使得华人移民的身份认同得到了增强；北京外国语大学王唯思分析了中国移民在澳大利亚的形象，以及澳大利亚人对中国人的态度变化，深化了对华人身份和社会认同的理解。在关于中国形象的讨论中，武汉大学的黄忠和李欣欣解读了欧阳昱的小说《东坡纪事》，认为书中呈现了两种中国形象："现代中国"和"古代中国"；南通大学张丽丽深入分析了澳大利亚记者玛格丽特·琼斯（Margaret Jones）的小说《孔子之谜》（*The Confucius Enigma*）中的媒体话语，批判性地探讨了西方媒体如何通过选择性的新闻叙述夸大中国的负面形象，这些片面的报道进一步助长了澳大利亚公众对中国的敌对倾向。另外，西安外国语大学娄蕴曦和董颖采用生态语言学的框架，对中澳主流媒体在"一带一路"报道中使用的概念隐喻进行了对比分析。

澳大利亚研究作为一门学科，它的起步和发展引起了学者们的高度关注。西安外国语大学苏锦平和薛金钥将澳大利亚研究放在区域国别学的视角之下，探讨了这一学科的发展与前景。另外，国家身份和文化认同也是本次会议的热点议题。中国矿业大学刘倩追溯了澳大利亚爱国主义的发展历程；北京外国语大学冯安妮探讨了澳大利亚"赖瑞青"（larrikinism）主义和反权威主义的发展及当代应用；华东师范大学陈雨琪从2023年"原住民之声"公投失败出发，分析了澳大利亚原住民面临的文化困境，这些研究深化了学界对于澳大利亚国家身份的内涵及其演变的认识。此外，多位学者从文学作品出发，对身份认同这一主题展开讨论。牡丹江师范学院徐照梦解读了钱德兰（Chandran）的作品《肉桂花园的茶时间》（*Chai Time at Cinnamon Gardens*）中的战争创伤与身份重构；安徽大学洪雅颂从有根世界主义的角度，解析了亚历克斯·米勒（Alex Miller）的小说《祖先游戏》（*The Ancestor Game*）中的移民身份议题；南通大学王福禄探讨了莱斯·默里（Les Murray）战争诗中的文化政治寓意，剖析了多元文化主义背景下澳大利亚英裔白人的身份认同困境。

4.3 媒体、电影与艺术

澳大利亚电影艺术和媒体反映了澳大利亚的社会和文化内涵，是澳大利亚研究的重要领域。澳大利亚媒体与政治外交的关系是学者们特别关注的一个议题。重庆大学吴明华分析了澳大利亚主流媒体在第 50 届东盟—澳大利亚特别峰会报道中塑造的中国形象，总结了"他塑"视角在国际传播中的机遇与挑战。上海理工大学孙海影也就澳大利亚媒体对中国形象的建构作了研究报告。内蒙古师范大学的崔允航和肖晓运用语料库辅助的三维话语分析模型，分析了澳大利亚广播公司（ABC）在 2020—2022 年有关中国的新闻报道，研究发现，澳大利亚主流媒体构建了"假民主""外交霸权""单方面制裁"等负面的中国形象。北京外国语大学王虎对 2024 年中国台湾地区选举后《澳大利亚人报》和《悉尼先驱晨报》中对中国形象的报道进行分析，揭示了其背后的意识形态、权力动态和潜在的偏见。此外，昆明理工大学魏新分析了澳大利亚在南太平洋的媒体外交，探讨了其国际广播在弥合该地区数字鸿沟以及加强澳大利亚与岛屿国家间关系方面所发挥的重要作用。

与此同时，澳大利亚本身的多元艺术也充满了吸引力，具有很高的学术价值。中央美术学院贾博昊探讨了澳大利亚当代艺术领域的多层次演变，重点关注堪培拉，突出展示了澳大利亚的当代艺术身份以及社会文化动态。

4.4 语言、教育与社会

澳大利亚和中国在教育领域联系紧密，加之澳大利亚的教育模式和体系具有一定的国际影响力，使得与教育相关的议题吸引了众多学者关注。上海大学悉尼工商学院顾浩东探析了澳大利亚高等商科教育模式及其人才培养效果，总结了其对我国商学院发展的可借鉴之处。华东师范大学王珺研究了中澳教育合作办学的发展现状，并从地缘政治形势、中澳相关政策及其他社会因素的角度分析了后疫情时代中澳合作办学所面临的挑战及机遇。牡丹江师范学院梁中贤和上海外国语大学林子仪通过分析《2008 年澳大利亚高等教育报告》，探讨了澳大利亚高等教育国际化的部署和财政支持等问题。中国矿业大学李爽研究了澳大利亚可持续发展教育政策的实施和应用,分析其推动了中澳两国在环境保护和可持续发展方面的实践。西安外国语大学王莹探讨了新冠疫情对澳大利亚国际学生市场的影响及其未来的发展趋势。

澳大利亚作品在中国的译介研究在学术界也引起了较大的反响。牡丹江师范学院韩竹林探讨了澳大利亚迈尔斯·富兰克林文学奖在中国的译介情况,并总结了澳大利亚文学奖项在中国的译介历程、影响和局限性。另外,河南财经政法大学的白雅、李鼎一聚焦"一带一路"背景下国内舆情对海外译传的方法论,发表了系统的研究报告。

中国移民在澳大利亚社会中发挥着不可替代的作用。北京外国语大学傅稚钧探讨了自19世纪40年代以来中国移民与澳大利亚社会不断演变的关系,揭示了在此过程中经济和地缘政治等因素的作用,为增进两国相互理解提出了建议。福建农林大学邢亦平系统分析了澳大利亚的中国移民及其子女面临的文化认同问题,展现移民个人和家庭身份认同的复杂构建及其不断变化的调适过程。内蒙古师范大学李霞发表了《澳大利亚华裔青少年继承语学习现状调查》报告,揭示了澳大利亚教育资源分配、教育体制差异、教育方法等因素对继承语学习的影响;研究指出,随着澳大利亚社会多元化程度和汉语学习热情的提高,澳大利亚的汉语教育将进一步发展,华裔青少年也会拥有更好的继承语学习环境。其他领域的研究也丰富了此论坛的讨论:西安外国语大学顾思祺基于多模态话语分析理论,对杭州和悉尼的英语旅游网站作了对比分析;北京外国语大学侯双一聚焦澳大利亚原住民在两次世界大战中的参与情况,通过个案研究揭露了种族歧视问题。

5 大会闭幕式

第二十届中国澳大利亚研究国际学术研讨会闭幕式由武汉大学澳大利亚研究中心主任黄忠主持。西安外国语大学苏锑平代表主办方向主办单位、与会学者和志愿者们表示衷心的感谢,中国亚太学会澳大利亚分会副会长詹春娟致闭幕词。随后,第21届中国澳大利亚研究国际学术研讨会承办单位代表、华东师范大学陈弘邀请与会学者相约2025年,继续研讨澳大利亚研究成果。

6 结语

在当今中澳关系复杂多变的背景下,双方互相沟通、增进理解至关重要。本次研讨会搭建了一个跨越地区和研究领域的重要平台,使中澳两国的学者得以齐聚一堂,探讨最新研究成果,建立了友谊与互信,进一步促进了中澳学术交流。此次大会不仅贡献了前沿的学术视角,也为后续的中国和澳大利亚研究铺设了新的道路。

　　放眼未来，此次研讨会不仅增进了中澳双方的相互理解，还前瞻性地指明了中澳关系发展的新方向，为中澳两国在学术、经贸和文化等领域的合作交流提供了宝贵的认知和研究基础。随着全球化的持续推进和中澳关系的深入发展，本次会议的学术和应用价值将愈发显著，中国的澳大利亚研究也将迎来更加丰硕的成果。

作者简介

方圆，北京外国语大学英语学院硕士研究生。主要研究领域：澳大利亚社会与政治。电子邮箱：sylvie202110@163.com。

（责任编辑：李建军）

马克林教授来华任教60周年纪念会
暨中澳人文交流论坛综述

2024年6月5日，格里菲斯大学荣休教授、著名中国研究专家马克林（Colin Mackerras）教授来华任教60周年纪念会暨中澳人文交流论坛在北京外国语大学举办，北京外国语大学校长、党委副书记贾文键教授，格里菲斯大学校长卡罗琳·埃文斯（Carolyn Evans）教授和马克林教授等中澳学者和媒体记者共70多人参加。此次活动由北京外国语大学英语学院和北京外国语大学区域与全球治理高等研究院主办，北京外国语大学澳大利亚研究中心承办。

纪念会开幕式由北京外国语大学英语学院院长张剑主持。贾文键校长、埃文斯校长、中国驻布里斯班总领事阮宗泽、中国亚太学会澳大利亚分会会长陈弘、在华澳大利亚研究基金会主席李安琪（Angela Lehmann）分别致辞，向马克林教授来华工作60周年表示祝贺，感谢他对中澳人文交流作出的重要贡献。人力资源社会保障部（国家外国专家局）向纪念会致贺信。

贾文键校长首先衷心祝贺马克林教授来华任教60周年，热烈欢迎埃文斯校长一行来访并参加庆祝会。他表示，北京外国语大学精心设计、举办纪念庆祝会，是为了在这个特殊时刻表达对马克林教授和格里菲斯大学诚挚的敬意。他指出，马克林教授和夫人1964年从剑桥大学毕业后来到北京外国语大学任教，架起了北外与格里菲斯大学、中国与澳大利亚教育和人文交流的桥梁。贾文键表示，北京外国语大学获批开设101种外国语言，培育复合型人才；学校以建设国际化、重特色、高水平、综合型的世界一流外国语大学为目标，期待与格里菲斯大学保持密切交往，拓展更大的合作空间。

埃文斯校长感谢北外邀请其参加纪念会，感谢北外为马克林教授提供的温暖"大家庭"。她希望两校共同传承马克林教授的精神，赓续两校友谊，促进中澳学者交流及学术合作，携手创建更为广阔的未来前景。埃文斯校长表示，为祝贺马克林教授在华教学60周年，纪念两校长期友好合作的特殊意义，格里菲斯大学准备了一份特别贺礼——以北京外国语大学的名义认养一只澳大利亚国宝考拉熊，希望双方精心呵护，共同推动双方合作关系健康长久发展。

人社部外专局在贺信中指出，马克林教授是澳大利亚联邦人文学院院士和世界知名的汉学家，自1964年起长期在北京外国语学院（现北京外国语大学）任教。半个多世纪以来，马克林教授数十次访华，在亲历中国发展进步的同时，孜孜不倦地向澳大利亚和世界介绍中国的真实情况。2014年9月，马克林教授在人民大会堂获颁"中国政府友谊奖"。2014年11月17日，中国国家主席习近平在澳大利亚联邦议会演讲时，赞誉马克林教授"以不懈努力和真挚热情，为两国人民相知相亲搭建起一座桥梁"。[①] 马克林教授作为杰出的教育家、汉学家和中澳文化交流使者，在推动两国人才交流合作与促进两国人民相互理解等方面作出了重要贡献。他的学术成就和教育理念深深影响着一批批中外学子，他的事迹激励着大家为促进中外友好交流、构建人类命运共同体不懈努力。值此马克林教授辉煌教育和学术生涯的重要时刻，由衷祝愿马克林教授健康幸福、万事顺遂，希望他继续为中澳关系发展和两国人才交流合作事业贡献智慧和力量。

在随后的分享环节，马克林教授的同事、朋友和学生分别发言，回顾马克林教授在北外的任教经历、马克林教授的学术成就以及中澳人文交流的历程，表达了对马克林教授诚挚的敬意和感谢。发言人有北外退休教授胡文仲、王家湘、杜学增和夏玉和，以及马克林教授的好友柯马凯（Michael Crook）先生和学生代表、中国科技部核聚变中心国际合作处副处长朱雅兰博士等人。来自格里菲斯大学的助理校长凯特琳·伯恩（Caitlin Bryne）教授、中国研究学者王毅博士、原格里菲斯大学旅游孔子学院院长丁培毅教授、格里菲斯大学旅游孔子学院中方院长单旭光副教授、在北外学习的留学生 Phoenix Potoi 以及马克林教授的女儿 Veronica 和外孙 James 也分别发言。原格里菲斯大学教授韦恩·哈德逊（Wayne Hudson）向纪念会发来了视频发言，对马克林教授的人格品德和学术成就给予高度评价。分享会由北京外国语大学区域与全球治理高等研究院副院长李又文主持。

在当天下午的中澳人文交流论坛上，上海外国语大学教授王光林、新南威尔士大学荣休教授李木兰（Louise Edwards）、北京大学外国语学院副教授马乃强、四川大学国际关系学院副教授沈予加、格里菲斯大学学者王毅、昆士兰大学荣休教授大卫·卡特（David Carter）、伦敦大学金史密斯学院教授迈克尔·达顿（Michael Dutton）、北京师范大学教授加里·席格伦（Gary Sigley）、太和智库高级研究员鲍韶山（Warwick Powell）等人就中澳人文交流以及区域国别学等议题分别发言。学者们面对面的学术交流，加深了两国学者的理解和互信。论坛由中国亚太学会澳大利亚分会会长陈弘和格里菲斯大学助理校长凯特琳·伯恩分别主持。

在论坛中，王光林教授从"文化不可通约性的谬误、马克林教授对中国的印象以及他以局外人视角研究中国文化的方法"三个方面阐述了马克林教授对中国研究的广泛贡献。李木兰教授展示了其对中国明清时期女性画作的研究，将传统与现代作了创新性的结合探索。马乃强副教授阐释了中国和澳大利亚的教育合作现状和趋势，突出了中国高等教育留学生对澳大利亚经济的贡献，他表示，中澳两国正在采取积极措施，努力重振国际教育市场。沈予加副教授解析了在地缘政治关系的转变

---

① 资料来源于中华人民共和国中央人民政府网（读取日期：2024年8月5日）。

背景下，中澳间的人文交流和连接。她强调，中澳两国长期以来一直保持着牢固的人文联系。这种联系将有助于双边关系抵御亚太地区地缘政治变化所带来的压力。在地缘政治动荡的背景下，促进中澳两国间的文化和民间交流有助于双边关系的稳定和发展。王毅博士则回顾了他首次见到马克林教授以来的30年间，中澳两国的人文交流所经历的阶段，以此厘清中澳双边关系的发展脉络。大卫·卡特教授讲述了自己在北京外国语大学任教的经历，以及与中澳学者们的深厚友谊，再次向马克林教授和中澳学者们致以敬意。迈克尔·达顿教授重点讨论了马克林教授在"西方形象"（Western Images）方面的贡献。马克林教授不仅将该形象视为西方对中国看法的反映，还将其视为对西方主流态度和价值观的折射。加里·席格伦教授探讨了多极世界背景下，中国对多元文化的研究以及"区域研究学"的发展意义，展示了中国背景下的"区域研究"与西方背景下的"区域研究"的不同之处。他指出，中国的"区域国别学"被提为一级学科具有重大意义，展现出中国的远见与雄图。鲍韶山研究员从社会治理、韩非子和老子的治国理念等角度入手，阐述了数据生态学、不可篡改性和中国"共建、共治、共享"等概念。论坛过程中，学者们就中澳教育、人文往来等方面展开讨论，碰撞出思维的火花。

纪念会期间，北京外国语大学澳大利亚研究中心主任李建军宣布，为感谢马克林教授对中澳人文交流作出的重要贡献，北京外国语大学与在华澳大利亚研究基金会合作，以马克林教授的名义在北外设立澳大利亚研究讲席教授项目，以进一步推动两国的高水平人文交流。

马克林教授是澳大利亚联邦人文科学院院士、澳大利亚格里菲斯大学荣休教授、北京外国语大学终身荣誉教授，中国政府友谊奖获得者。马克林教授治学严谨，学术著作丰硕，主要研究领域为澳中关系、西方的中国形象、中国少数民族以及中国戏曲等。

（责任编辑：李建军）

第二十一届中国澳大利亚研究国际学术研讨会通知

中国亚太学会澳大利亚分会（原名中国澳大利亚研究会）成立于1988年，以推动中国对澳大利亚的学术研究，促进中澳两国间相互了解和友谊互信，为巩固和加强中澳全面战略伙伴关系作贡献为宗旨。由中国亚太学会澳大利亚分会主办，中国澳大利亚研究国际学术研讨会每年召开一次，这是我国澳大利亚研究界最重要的学术盛会，在国内外享有很大的学术影响力。

经中国亚太学会澳大利亚分会秘书处商议决定，第二十一届中国澳大利亚研究国际学术研讨会将于2025年10月17—19日在华东师范大学召开，由华东师范大学外语学院、华东师范大学澳大利亚研究中心承办。此次会议适逢华东师范大学澳大利亚研究中心成立40周年，欢迎国内外专家、学者以及其他相关人士莅临申城。

本届研讨会的主题为：迈向中澳全面战略伙伴关系的新十年（Towards the New Decade of China-Australia Comprehensive Strategic Partnership），着重探讨中澳全面战略伙伴关系迈入第二个十年之际，中澳关系发展面临的新机遇和新挑战。研讨会分议题包括：

- 中澳双边关系
- 澳大利亚自然环境与生态
- 澳大利亚政治制度与外交
- 澳大利亚历史与原住民研究
- 澳大利亚移民社会与多元文化
- 澳大利亚文学与艺术
- 中澳媒体交流与国际传播
- 中澳政治对话与国际事务交流
- 中澳经济与贸易合作
- 澳大利亚和南太平洋岛国关系
- 亚洲和太平洋地区安全与合作
- 科技创新与中澳合作
- 其他相关议题

参会者请于2025年6月10日前将会议回执发送至邮箱asc_ecnu@126.com。研讨会的工作语言为英文和中文。拟用中文宣读论文的与会代表，请提供论文的英文标题和摘要。

会议日程：
2025年10月17日：会议报到（华东师范大学普陀校区）
2025年10月18—19日：全天会议研讨
2025年10月20日：离会

会议费用： 1,000元/人，研究生凭学生证费用减半，住宿费用和往返交通敬请自理。

会务联系人： 陈弘 hchen@english.ecnu.edu.cn　　陈曦 chenxitysx@126.com

主办单位：中国亚太学会澳大利亚分会
承办单位：华东师范大学外语学院
　　　　　华东师范大学澳大利亚研究中心

2025年1月20日